E 小探索者人文系列

GU LAO

古老的神话

Shen Hua

田战省 主编

吉林出版集团

北方妇女儿童出版社

图书在版编目（CIP）数据

古老的神话/田战省主编. —长春：北方妇女儿
童出版社，2010.12（2019.4 重印）
（小探索者人文系列）
ISBN 978-7-5385-5185-3

Ⅰ. ①古… Ⅱ. ①田… Ⅲ. ①神话－世界－少年读物
Ⅳ. ①B93-49

中国版本图书馆 CIP 数据核字（2010）第 228285 号

E小探索者人文系列
Explore

古老的神话
G Lao
Shen Hua

主　　编	田战省
出 版 人	李文学
策　　划	刘　刚
责任编辑	金敬梅　曲长军
装帧设计	李亚兵
图文编排	李智勤　吴文莉
开　　本	787mm×1092mm　16 开
字　　数	50 千字
印　　张	6
版　　次	2011 年 1 月第 1 版
印　　次	2019 年 4 月第 3 次印刷
出　　版	吉林出版集团　北方妇女儿童出版社
发　　行	北方妇女儿童出版社
地　　址	长春市人民大街 4646 号
	邮编：130021
电　　话	编辑部：0431-85634730
	发行科：0431-85640624
网　　址	http://www.bfes.cn
印　　刷	天津海德伟业印务有限公司

ISBN 978-7-5385-5185-3　　　定价：21.00 元

前言
Foreword

神话与传说，是远古人民对于世界的认识和理解。无论是东方还是西方，不同的国度都有特定的神话故事作为解释其国家的起源和发展状况。中国的盘古、西方的上帝；中国的女娲和伏羲，西方的亚当与夏娃……一个个美丽的故事在千百年流传中寄予着人类美好的愿望。

神话并非是对现实生活的科学反映，而是由于远古时代，生产力水平低，人们不能科学地解释世界、自然现象以及原始社会文化生活的起源和变化。于是，他们以自己贫乏的生活经验为基础，借助想象和幻想，将自然界拟人化。例如我国神话中的盘古、女娲，西方的宙斯、阿波罗都是人们给想象插上翅膀创作出来的。而由于文化的差异，东西方的远古神话中表现的力量也有所不同。

本书共分为两大部分，即中国神话与世界神话。我们从这两大部分着手，将古代的神话、传说人物介绍给我们的小读者，并配上相应的图片，给大家一个更加直观的印象。在先民的想象中，世界充满了神奇。那么，亲爱的小朋友们，张开你们想象的翅膀，睁大你们猎奇的眼光，和我一起去领悟这一个个神秘的故事吧！

目录
Contents

中国篇

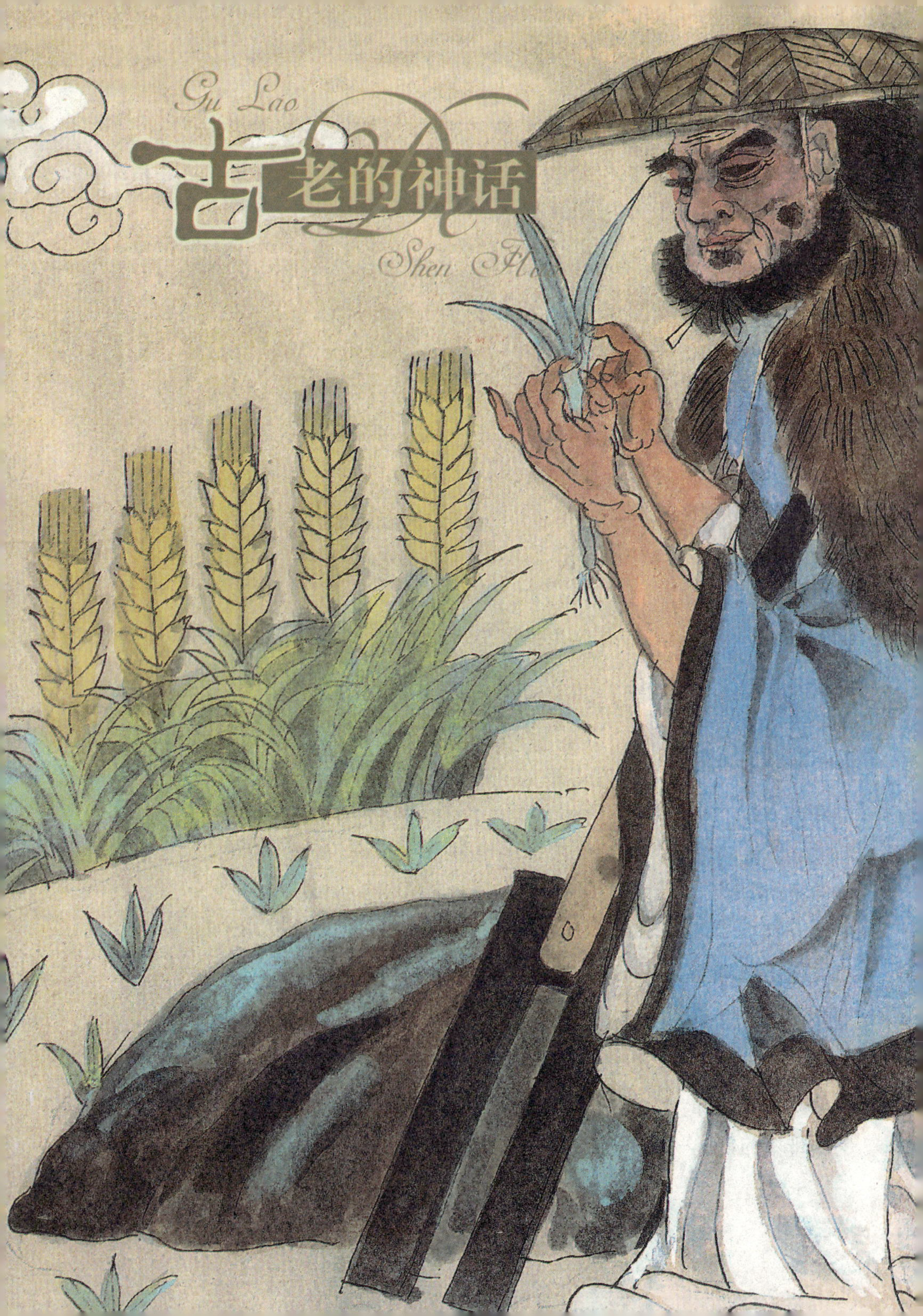
Gu Lao
古老的神话
Shen

中国篇

　　盘古开天辟地、女娲造人、黄帝战蚩尤……一个个动人的神话传说，记载世界的产生，中华民族的繁衍与发展。这些故事都是古老的先民，以他们仅有的社会经验，对于世界的认识和了解。反映了先民们对于自然的征服和改造，表达了他们对于人类的力量崇拜，寄予追求与勇气、善良与正义的美好愿望。

开天辟地

宇宙万物，究竟从何而来？日月星辰，何时出现？江河湖海、花草树木……它们由谁创造？经过人类几千年的探索，这些物质形成的奥秘已经被展示出来。可你知道，世界之初，在我们祖先眼中，谁是宇宙的缔造者？

盘古是中国古代传说中开天辟地的神

盘古孕育

万物之初，宇宙就像一个大鸡蛋一样，混沌一团。在这个"大鸡蛋"包裹下的世界，漆黑一片，没有天地之分，也无日月星辰，更没有人类的存在。可是，就在这片混沌黑暗之中，孕育着创造世界的始祖——盘古。盘古在"大鸡蛋"中孕育成人，一直酣睡了1.8万年才醒过来。当他睁开蒙胧的睡眼时，眼前除了黑暗还是黑暗，不见一丝光明。他心里憋闷，呼吸困难，于是，盘古决定伸伸懒腰，舒展一下筋骨，捅破这个大鸡蛋。

开辟天地

盘古胳膊一伸，腿使劲一蹬，宇宙就化开了。可是，他睁眼一看，这四周依旧黑暗重重、混沌难分，这如何是好呢？突然，盘古灵机一动，拔下自己的一颗牙齿，把它变成威力无比的神斧，抡起来用力向四周劈砍："哗啦啦……"一阵巨响过后，"鸡蛋"中一些清新、轻盈地东西散发开来，飘飘扬扬飞往高处，变成天空；另一些厚重、浑浊的东西缓缓下沉，变成大地。从此，混沌不分的宇宙一分为二，天地始分。

盘古的巨人在这个"大鸡蛋"中一直酣睡了约1.8万年后醒来，盘古凭借着自己的神力把天地开辟出来了。

顶天立地

天地一分开，盘古觉得舒坦多了。他长长地透了口气，想站起来，然而，天却沉重地压在他的头上。他意识到，天若不高高地升到高空，那么地上就永远不可能有生命存在。于是他坐下来沉思默想，怎样才能解决这一问题。最后他断定，只有他把天托住，世上众生才能繁衍和生存。于是，盘古就脚蹬地，手撑天，将天地分开。他的身子长长一点，天地距离就拉大一点，最终天地相隔甚远，再也不害怕它们合在一起。现在，立于天地间的盘古，终于可以畅快地伸展自己身体了。

幻化万物

当盘古终于将天地远远隔开后，自己却疲惫不堪。于是，他决定停下来休息片刻，但是，这一躺，盘古就再未醒过来，他实在是太累了。在睡梦中他还想着：光有蓝天、大地不行，还得在天地间造日月和山川、人类和万物。可是他已经累倒了，再也不能亲手造这些了。最后，他想：把我的身体留给世间吧。于是他的头与四肢变成大山，双眼化成日月，头发化作星星，血肉变成江海，筋脉变成道路，骨骼变成山川……这些都为人类诞生创造了基础。

▲盘古用自己的身体创造了世界万物

女娲造人

女娲是人类的始祖、大地的母亲。盘古开辟天地，却未给世界创造最富性灵的人类，这个世界依旧寂寞。有一天，天神女娲行走在这苍茫的大地上，倍感寂寞，心中郁闷无处排遣，于是，她就仿照自己的样子创造了人，并赋予人类生殖、繁衍后代的能力。

女娲是人首蛇身的女神。有一天，她途经过黄河河畔，想起盘古开天辟地，创造了山川湖海、飞禽走兽，改变原本一片寂静的世界。

孤独的女娲

盘古去世之后，大地上没有人类，只住着三位神人。第一个是人面蛇身的女娲，第二个是身材高大的火神祝融，第三个就是水神共工。这三人在各自领地内生活，倒也相安无事。一日，女娲在苍茫的大地上行走。看着周围的景象，她感到十分孤独。虽然，盘古幻化万物，已将世界装扮得非常美丽，但却没有勃勃生机，自己的心事也无法诉说，花鸟鱼虫都难解她的寂寞。她决定给这天地之间，增添一点东西，可是，添加什么呢？

始造人类

女娲边走边想，有一天，她走累了，就坐在池塘边休息。忽然一片树叶飘落池中，静止的池水泛起了小小的涟漪，使她的影子也微微晃动起来。女娲一下子想通了，为什么她会有孤寂感？原来是世界是缺少一种像她一样的生物。想到这儿，她马上用手在池边挖了些泥土，照着自己的影子捏了起来。不一会儿，一个长有五官七窍，双手双脚，极像女娲的小东西出现了。捏好后往地上一放，竟然活了！于是，女娲给他取名"人"，人类就这样诞生了。

轶闻趣事

我国之所以有女娲造人的神话，一方面是因为当时人们对世界以及人类如何产生的认知能力有限；另一方面，人类之初，还处于母系氏族社会，人只知其母，不知其父，所以对女性的神话就比较多。

女娲看到河水里自己的倒影时,顿时恍然大悟。原来世界上还缺少像自己这样的"生物"。于是,女娲就参照自己的外貌用泥土捏制了泥人,再施加法力,泥人就变成了人类。

抟土造人

"人"是仿照神的模样造出来的,气质举动自然与别的生物不同,居然会讲女娲的话。他们在"母亲"身旁欢呼雀跃了一阵,慢慢走散了。女娲寂寞的心一下子热乎起来,她想把世界变得热热闹闹。于是,她昼夜不息地抟土造人。但是世界太大了,她工作了很久,双手都捏得麻木了,分布在大地上的人依旧稀少。她想这样下去不行,就顺手从附近折下一条藤蔓,伸入泥潭,沾上泥浆向地上挥洒。结果点点泥浆变成了一个个小人,世界一下子热闹多了。

神媒女娲

当人足够多时,女娲就停下休息,并四处游走,看看那些人生活的怎么样。一天,在一个人烟稀少的地方,她发现许多小人躺在地上,已经衰老死亡了。这种情形,让女娲十分着急,自己辛辛苦苦造人,人却不断衰老死亡。这样下去,若要使世界上一直有人,岂不要永远不停地制造? 这总不是办法。结果,女娲参照世上万物传宗接代的方法,叫人类有男女配合,繁衍后代。后来她又建立了婚姻制度,使人类按一定规则行事,后世人就把女娲奉为"神媒"。

11

炼石补天

女娲娘娘创造出人类,为了使人类的生活充满乐趣,她又创造乐器等。但是天地并不像她想的那样。有一天,天河泛滥,祸及人间,女娲的子女身处水深火热之中,她于心不忍,便炼石补天,并斩神鳌之足撑四极,平洪水杀猛兽,消除隐患。

古代中国神话的基本来源就是《山海经》。其中最著名的包括:后羿射日、黄帝大战蚩尤、共工怒触不周山等。上图是描绘女娲炼石补天的情景。

美好生活

女娲辛辛苦苦创造了人类,并希望她的儿女们能够按照一定的规则,无忧无虑地生活下去。后来,为了丰富人类的精神世界,增加人们的娱乐活动,女娲还发明例如笙簧等乐器。这些乐器能够把风嘶鸟语,虫鸣溪唱等丝丝入扣地演奏出来;男女之间的情话,水乳交融的情歌,也能曲曲传神,表达得淋漓尽致。在这些乐曲的陶冶下,人与人之间增加了许多祥和气氛,特别是男女之间,由于音乐的滋润,许许多多幸福快乐的恋情,都被优美的音乐激荡起来,人间处处一派祥和景象。女娲看到这些非常满意,她希望人间一切幸福美满。

天降大祸

人类在女娲的教化下,幸福和睦地生活着,可是有一天这种生活被打破了。自盘古开天辟地,血肉之躯化作天地万物,女娲造人以来,天地间的人神动物等就多了起来。本来生活在大地上的人们,生活一直很平静。但是有一日,天上的火神和水神为了一争高下,而打了起来。水火不容,你来我往,双方打得难解难分,场面十分热闹。结果,不知道是谁一不小心,把天捅了个窟窿。这下可不得了了:天河泛滥,天

女娲与伏羲

女娲不忍人类受灾，于是炼出五色石补好天空，斩神鳖之足撑四极，平洪水杀猛兽，人类才得以安居。

上的水流向人间，人间顿时变成一片汪洋，许多人都被淹死了。生灵涂炭、骨肉分离，人类生活在洪水当中。这可怎么办呢？

炼石补天

为了拯救人类，祛除疾苦，女娲决定炼石补天。她走到黄河边，挑选了许多五彩缤纷的石头，把它们放在熔炉里熔化。经过冶炼，这些五彩石头全部被炼成了石浆。女娲见五色石已经熔化开，就用手托住炽热的石浆，朝着天上的窟窿飞去。不一会儿，那些石浆全部渗透到了破裂的大窟窿和小缝隙中。女娲不停地补呀补呀，九天九夜过去了，天终于被补好了，大地也开始放晴，天边还出现了五色云霞。

消除隐患

天补好了，天空比以前更灿烂绚丽，女娲欣慰地笑了。可是，她还是不放心，又从东海捉来一只万年的巨龟，斩下它的四足，用作擎天柱，分别竖在大地的四角，支撑住了大地的四方。接着，女娲又把大量的芦葭烧成灰，填平了地上洪水泛流的沟壑。就这样，人们终于可以安居乐业地生活了。人类摆脱了灾难，大地上又出现了祥和欢乐的气氛，人们更加幸福地生活着。

轶闻趣事

女娲补天的神话故事最早见于《淮南子·览冥篇》。在我国，女娲神话有两说。一说她是创世女神"女娲"，其抟土造人，创造瑟、笙簧等乐器；另一说她是古代部落首领，生于成纪，姓凤，与伏羲是兄妹。

13

华胥国的传说

华胥古国是传说中位于今西安蓝田一带的上古文明。在一些史书和民间传说中，华胥古国的首领是一个名叫华胥的女子，她因为踩了神迹而怀孕，生下了人类始祖伏羲和女娲，开创了中华民族。

伏羲和女娲从史前的大洪水中逃亡

华胥氏

"华胥"本来是一位妙龄女子的名字，她住在一个四面环水，中为陆地的渚滩之上。一日，雨过天晴，她漫步渚边，偶然发现一行巨大的男人脚印，便好奇地踏着脚印跟踪，走进一条森林茂密，杂草丛生的沟里——雷泽。她来到雷泽旁，却怎么也找不到那个巨大的男人脚印了。突然，天空出现一道彩虹，五颜六色，十分好看。她顿觉全身麻木，打了一个冷战。又环顾四周，感到阴森可怕，便大步流星跑回家中。从此，身怀六甲。几个月后生下了一男一女，也就是传说的伏羲和女娲。原来这个巨大的脚印是雷神的，因而伏羲和女娲就是雷神的后裔。

人祖之祖

据一些史料记载，传说中的华胥氏，是中华民族的始祖母。华胥氏族的成员在一次大水灾中，遭受了灭顶之灾，只有伏羲女娲两兄妹因为坐在葫芦里，漂到了蓝田临潼交接的一座山上，才得以生还。当他们看到这个世界就剩下他们两个人时，为了人类延续，便结为夫妻。在结婚前，他们对天发誓说：若苍天允许我们兄妹结为夫妻，繁衍人类，四山之烟聚而滚磨合。发完誓，他们两个人把磨石推下沟去。这时只见四山之烟果然聚合，再看磨石也紧紧地合在一起，于是他们成婚，延续人类。

轶闻趣事

"华胥感应天神而孕"，这一传说，从中反映了伏羲的与众不同，同时还反映出，在华胥生活时期，人类尚处于母系氏族阶段。远古时代，只有繁衍而无婚配，人们只知其母，不知其父。

伏羲和女娲古音相通,伏羲氏和女娲氏的母族是华胥氏,图为女娲和伏羲结婚的场面。

华夏之始

女娲和伏羲结婚后,生下了 5 对男女。这 10 个孩子又繁衍他们的子孙后代,女娲族人口不断发展,有了第一个母系部落的国家雏形。女娲氏为了纪念她的母亲"华胥",便把自己的部落命名为"华胥国"。这就是"华胥国"的由来。后来,他们的后裔炎帝和黄帝建成两个大的部落,最终又合并为一个,成炎黄部落,因而我们就是炎黄子孙。后来炎黄二帝的子孙建立了第一个奴隶制国家——夏王朝,于是我们就以华夏著称,华夏上下五千年的文明就此展开。

黄帝梦游华胥

《列子》中有一篇讲黄帝即位 15 年后,白天睡觉做了一个梦,梦游华胥国。华胥国里没有君主,一切都是自然状态,老百姓都没有嗜欲,不以生为乐,不以死为苦,人与人的关系那么和谐,因而也就没有什么爱憎。无利无害,也就没有争斗,没有需要处理的人际关系。那个国家的人都没有恐惧,甚至入水不溺,入火不热。这样的一个国家简直是个天堂。黄帝在吸收了华胥国的一些治国经验后,经过 28 年的治理,达到了天下大治。至今华胥镇还留有一块关于记载三皇功绩的碑石,其中一通碑石上,中间有华胥国三个大字,左边有伏羲肇娠,右边有黄帝梦游的字样。

伏羲和女娲创造了人类,他们的孩子们便生活在大地之上。人间缔造之初,许多困难无法克服,靠神的力量也十分有限,伏羲、女娲用木造了一条直通天上的天梯。

15

伏羲传说

伏羲是中华民族的人文始祖。传说他是由母亲在雷泽误踩巨人脚印后，受孕而生。后来，洪水吞没全人类，唯有伏羲与妹妹女娲活下来，于是他们二人成婚，绵延人类。伏羲还教人学习多种技能，结束了茹毛饮血的时代。

伏羲根据天地万物的变化，发明创造了八卦。

与众不同

传说伏羲的母亲华胥氏因为踏神迹而怀孕，因此，作为人神结合的后代，他自小就聪明过人，能够注意到别人根本注意不到的小事，并且乐此不疲。过了好多年伏羲已经长大成人，而华胥氏似乎已经完成了她的使命，撒手人寰了。就在华胥氏去世以后，伏羲就决定离开华胥氏之国，游历天下。他一直向东走去，不知道走了多少路程。反正从他出发那一刻起，就再也没有回头。他好像不知道疲倦一样，俯仰于天地之间，上看日月星斗，下观鸟兽虫鱼。开始了他的思索之路。

伏羲创八卦

远古年代，人们对大自然一无所知。当下雨刮风、电闪雷鸣时，人们既害怕又困惑。天生聪慧的伏羲想把这一切都搞清楚，于是他经常站在卦台山上，仰观日月星辰、俯看草木虫鱼。一日，他正在思索观察到的现象。突然，他的面前出现了一匹"龙马"，其长着龙头马身，身上还有奇特的花纹。这匹龙马一跃就跃到了卦台山下渭水河中的一块大石上。这块石头形如太极，配合龙马身上的花纹，顿时让伏羲有所感悟，于是他画出了八卦。

伏羲，中华民族人文始祖，是我国古籍中记载的最早的王，所处时代约为新石器时代早期。

16

生活状态

伏羲在游历过程中,沿途见到了许多渔人和猎人,渔人抓鱼时会身子向前一探,猛地一下扑进水里。但是抓到鱼的机会很少,可能运气好的话一天能抓上个五六条吧,可是运气差了就连一条鱼影子也抓不着。而那些猎人成群结队出去打猎时靠的是追逐和拼杀,很大程度上是在拼命。那时候的生活就是如此,可是从来没有谁说是生活太艰苦而不想活下去,他们都在尽自己最大的努力捕捉到尽可能多的猎物。伏羲路过之后就在想,能不能改变这些呢,能不能让这些人捕鱼打猎更轻松一点呢?

启蒙之祖

伏羲从一出生就带着异能,再加上他非常聪明,能从许多事物中得到启示。如从蜘蛛结网的现象中受到启发,从而发明渔网和兽网,教会人们打鱼、驯养动物,人们食物开始有所保障。他创造结绳记事,使民智日开;确定婚嫁制度,让人们按照一定规则行事,结束了蒙昧时代。这种种行为,帮助人们过上了一种相对稳定,有秩序的生活,于是人们崇拜伏羲,一致推选他为天下共主,而在这以前,各个部落间还没有一个真正的部落联盟领袖。所以他就成了传说中的第一个王。

伏羲用绳结为网,用来捕鱼打猎。

燧人氏

燧人氏，又称"燧人"。远古人"茹毛饮血"，他钻木取火，教人熟食，是人工取火的发明者。关于他的神话反映了中国原始时代从利用自然火，进化到人工取火的情况。他是智慧、勇敢、毅力的化身，是为民造福的英雄。

燧人氏是中国上古神话中火的发现者。有一种说法他为三皇之一。

黑暗时代

尽管伏羲教会人们捕鱼、驯兽，开化民智等，但当时人类不知道有火，也不知道怎样用火和保存火种。每到夜幕降临，四周一片漆黑，野兽的吼叫声此起彼伏。人们只能蜷缩在一起，度过一个个又冷又黑的晚上。由于没有火，不会制造熟食，因此还过着茹毛饮血的生活。由于一直吃的是生食物，经常生病，寿命也很短，那么谁来拯救这些受苦受难的人们？

意外发现

据说伏羲死后成为天神，他看到人间生活如此艰难，就想让人们知道火的用处。他大展神通在山林中降下一场雷雨。雷电劈在树木上，树木燃烧起来，很快就变成了熊熊大火。雨后，四散开来的人们聚集在一起，他们惊恐地看着燃烧的树木，不知如何是好。这时，有个年轻人发现，原来经常出没的野兽嗥叫声没了，他想难道野兽怕这个发亮的东西吗？于是，他勇敢地走到火边，发现身上好暖和呀。他兴奋地招呼大家：

史前人类学会使用火，告别了黑暗和寒冷，开始了吃熟食的文明生活。

"快来呀，这火一点不可怕，它给我们带来了光明和温暖！"后来，人们发现，烧死的野兽肉更好吃，他们从没吃过这样的美味。火真是个好东西！

寻找火种

人们知道了火的可贵，他们拣来树枝，点燃火，保留起来。每天都有人轮流守着火种，不让它熄灭。可是有一天，守护的人睡着了，火燃尽了树枝，熄灭了。人们又重新陷入了黑暗和寒冷之中，痛苦极了。当初那个发现火的年轻人就想寻找火源。在梦中，有位神人告诉他，在遥远的燧明国有火种。梦醒后，他就按照"神人"指示，前往燧明国取火。他翻过高山，淌过大河，穿越森林，历尽艰辛，义无反顾地朝着梦想之地前进。

钻木取火

他到达燧明国后，发现并没有火种，黑暗一片。正当他失望之时，突然发现，在自己休息的燧木上，几只大鸟正在啄树上的虫子。只要它们一啄，树上就出现火光。他受到启示，立刻折了一些燧木的树枝，用小树枝去钻大树枝，树枝上果然闪出火光，可是却着不起火来。他不气馁，耐心地用不同的树枝进行摩擦。终于，树枝上冒烟了。年轻人回到了家乡，为人们带来了永远不会熄灭的火种——钻木取火的办法。

"燧人氏"历经艰辛，得到启示，获取钻木取火的方法，并将其教给人们，从此，人们不再惧怕黑夜，食物也能煮熟。

有巢氏

巢为巢穴，从有巢氏的名字中就可以看出，就是他教会人们筑巢而居。洪荒之初，人们都是穴居在野外，常受野兽侵害。于是，有巢氏教民众"构木为巢"，以避野兽。从此人们才由穴居到巢居，生活环境大有改进。

最早的巢居又称为"树上居"。顾名思义，是建在树上的，后来才建到了平地上。

艰辛的童年

很久以前，在中原大地上，野草繁盛，猛兽剧增。人少而兽多，他们又经常居住在地面上，经常遭受禽兽攻击，每时每刻都面临死亡威胁。在南方一个部落里，人们艰辛地生活着。有一次，这个部落的壮年人都出去打猎了，家里就只剩下一个年幼的孩子。当夜幕降临时，出猎的人还没有回来，而狼群却在这时发着绿幽幽的光逼近了孩子。正当他恐惧无比时，有人却好像从天而降救了他，并带他走上了迁徙北方之旅。

洞穴生活

他们一路北行，经受风雨考验，躲过野兽威胁，当他们终于到达北部高原时，当年的那个孩子都已经长大成人。北方气候寒冷，尤其是到了冬天，北风凛冽，寒气逼人。在环境的逼迫下，他们受鼠类动物居所的启发，在黄土高原的山坡上开始打洞穴居，这就是最原始的窑洞。另外，他们还用石头和树枝挡住洞口，这样既能保暖，又能防止野兽攻击，安全多了。但是，北方气候太过寒冷，有些人适应能力强，可以在这里安居，但还有许多人无法适应这种气候，想要返回南方。可是，年轻人想，回去后他们又怎么躲避危险呢？

构木为巢

南方气候温和,雨水充沛,适宜万物生长,所以这里的树木就长得特别粗壮。鸟能住在树上,人应当也能住在树上。年轻人想到这点,便采集了许多坚韧的藤条和柔软的树枝。他把这些东西按照自己的设想,绑成一个结实耐用的房屋——"巢"。房屋的四壁和屋顶都用树枝遮挡得严严实实,从侧面开有一扇小门,既挡风避雨,又可防止禽兽的攻击,人们从此不再过那种担惊受怕的日子。

尊称巢皇

年轻人"构木为巢"的方法,解决了许多居住难题。人们非常感激这位发明巢居的人,便推选他为当地的部落酋长,尊称他为有巢氏。有巢氏被推选为部落酋长后,为大家办了许多好事,名声很快传遍中华大地。各部落的人都认为他德高望重,有圣王的才能,一致推选他为总首领,尊称他为"巢皇",成为部落联盟总部的大酋长。

有巢氏发挥自己的聪明才智,在经过多次探索后,最终发明了"构木为巢"的方法,解决了当时困扰人们的许多问题。于是,人们按照这个方法,砍取枝条,在树上搭建房舍。这样,既能遮风挡雨,还能防止野兽侵袭。有一个比较稳定的生活环境后,这些早期的"拓荒者"们,就以打鱼捕猎,采摘果实为生,人类逐渐繁衍起来。那些曾经长满荒草的土地,在他们的劳动下,慢慢变得平整,为以后耕种奠定了一定的基础。

神农氏

农业为国家之本,但要追溯农业之祖,则要寻访到上古之时的神农氏。他是继伏羲之后,对中华民族具有颇多贡献的又一神话人物。他分辨五谷,教人稼穑;尝遍百草,为人解除病痛,等等。在华夏历史进程中,他是不能不提的人物之一。

中国的"五谷文化时代"起源神农氏

分辨五谷

神农氏生活时期,人们已经懂得如何取火,怎样打猎,怎么筑"巢"躲避敌害。这样,人类就迅速繁衍,但是维持生计的食物却越来越少,食不果腹。于是,神农氏就一一品尝有颗粒的植物,最后,在杂草丛生的植物中发现了多种可以吃的谷物。他把这些谷物收集起来,然后一样一样试种,最后从中筛选出稻、黍、稷、麦、菽五谷,从此人们就不用为没有食物而担心了。因其功绩,后人尊称他"五谷爷"。

远古人们过着采集和渔猎的生活,神农氏发明制作耒耜、木耜,教会人们农业生产。

教人稼穑

神农氏将得到的谷物种子分发给族人,但是人们不知道怎么种植,而且也没有工具。神农氏就发明了耒耜,这是最原始的犁,形如木叉,上有曲柄,下面是犁头,可以松土。他告诉人们,植物需要水分才能发芽,稻子要灌溉才能长得好,种植谷物的时候要根据地势和土壤的情况,相宜而种。普及常识后,他还亲自下田,给人们做示范。在大家的努力下,粮食取得大丰收,从此,人类社会由原始的畜牧业向农耕业转换。

神农亲自采摘花草，放到嘴里尝。

尝尽百草

粮食的问题解决了，可是生病的问题还没有解决。于是，他就品尝杂草，寻找药草。曾经在一天中，中毒达70次，受尽疼痛。但是凭着强壮身体，他又坚强地站起来。大地上草木品种繁多，为了加强品尝草木的速度，他发现一种"赭鞭"，只要草木经过赭鞭一打，它们有毒无毒，或苦或甜，或寒或热，各种药性都自然地显露出来。神农就根据这些草木的不同特性，为人解除病痛。后来，他误食一种"火焰草"而毒发身亡，但却用生命发现了这种剧毒断肠草。

发现茶树

神农氏尝百草时，随身带着一只帮助他识别药性的活"仪器"——獐鼠。据说有一天，獐鼠吃了巴豆，腹泻不止。神农氏把它放在一棵青叶树下休息，过了一夜，獐鼠奇迹般地康复了，原来是它吸吮了青树上滴落的露水解了毒。神农氏摘下青树的青叶放进嘴里品尝，顿感神志清爽、甘润止渴。于是他教人们种了这种青树，它就是现在的茶树。现在，民间还流传着"茶树本是神农栽，朵朵白花叶间开，嫩叶做茶解百毒……"的山歌。

轶闻趣事

关于神农氏到底为何许人也，他和炎帝有着怎么样的关系，史学界现在还莫衷一是。有人推测，神农是一个氏族的称号，它们的首领都叫炎帝，炎帝神农在位120年，传至七代世袭神农氏。与黄帝阪泉之战的是第八代炎帝。

炎帝传说

关于炎帝有太多太多的传说,出生之谜、尝百草、发明农具、始建农耕,以及与黄帝的阪泉之战等等,留下太多传奇。那么炎帝究竟是谁?一个人还是几个人合成?他长的什么样子?今天,中华儿女都称自己是炎黄子孙,这又从何而来?

炎帝是华夏族的始祖

炎帝神农

据《史记》等记载,炎帝神农氏的父亲是少典,其母亲女登为少典的正妃。有一天,女登游览华阳山,被身边美景吸引,而忘却周围的事情。偶一抬头,一条赤须神龙突然出现在天空,双目发出两道神光,与她目光对接。女登内心感到惊惧,用手拭一拭眼睛,却什么人也没有。可是不久她就怀孕了,后来,在烈山的石室中生下一个牛首人身的男孩,因此称为炎帝。小男孩在姜水(今陕西宝鸡市清姜河)边成长,因此又以"姜"为姓。

传说炎帝人身牛首,头上有角。炎帝生于烈山石室,长于姜水,有圣德,以火德王,故号炎帝。

奇特长相

传说神农炎帝出生时,头上还长有类似牛的犄角的东西,后来慢慢隐去。他生下来时还是个"水晶肚",几乎是全透明的,五脏六腑全都能看得见,还能看得见吃进去的东西。那时候,人们经常因乱吃东西而生病,甚至丧命。神农炎帝为此决心尝遍百草,能食用的放在身体左边的袋子里,介绍给别人吃,用作药用;不能够食用的就放在身体的右边袋子里,提醒人们注意不可以食用。

炎帝榆罔

炎帝榆罔是神农氏政权的第八代帝,姓姜名榆罔,其父亲为帝克。他从小聪明好学,后来习文练武,成长为一位能征善战的大将军。帝克18年,东夷人骚扰和入侵神农氏东部边境,17岁的姜榆罔奉命驻守旧都伊川,并且在那里筹建军队,与东夷人作战,多次击败敌人,受到帝克的多次表扬和嘉奖。榆罔即位后,遵循父辈德行,励精图治,带领炎帝部落的人民,休养生息,抵御外族入侵。

阪泉之战

神农氏到了炎帝榆罔时期,氏族势力已经逐渐衰退,此时,中原大地上又出现了蚩尤、黄帝等部落。他们各自都不断扩张势力,争夺霸主地位。在征战过程中,黄帝部落实力日益强大,足以和炎帝部落抗衡,于是一场大战不可避免。经过长期准备,他们终于在阪泉之野(今河北涿鹿)发生大战。黄帝部落士兵手持干戈,以熊罴虎豹等猛兽为武器,向炎帝部落阵营冲去,炎帝氏族也不甘示弱,双方厮杀一团。最终,经过三次激战,炎帝败给黄帝。黄帝获胜后并没有消灭对手,而是将两个部落联盟,使炎黄相融,构成华夏主体。

神农之世"日中而市",教天下之民,聚天下之货,交易而退,各得其所,盖取诸《噬嗑》。

黄帝战蚩尤

黄帝战蚩尤是上古战争神话的典型代表。传说这场战争发生在涿鹿,战况相当激烈,不仅争斗双方各有利器,还请来风伯、雨师、旱神等为自己助阵。双方激战多日,最终以黄帝胜利,蚩尤被杀宣告结束。此战后,中华民族逐渐统一。

黄帝,中国神话人物,被称为中国人的祖先。

轩辕黄帝

黄帝是中华民族的人文始祖。传说,他也是少典之子,本姓公孙,因长在姬水,于是改姓姬。居住在轩辕之丘(今河南),故号轩辕。因为他大多时间都是在黄土地上活动,土为黄色,因此被称为"黄帝",他是有熊部落的首领。黄帝施行仁义,百姓都归附他,势力日益强大。最后,他与炎帝部落联盟,又大战蚩尤,最终成为统一中华民族第一人。他大力发展生产,创造文字,始制衣冠,建造舟车,发明指南车,定算数等,是中华文明的启蒙先祖。

黄帝在涿鹿之战诛杀了蚩尤,获得胜利,统一了中原各部落。

战神蚩尤

当炎黄部落在黄河流域繁衍生息时,长江流域的一个部落也开始繁盛强大。这个部落称九黎族,在这个部落里,有一个叫蚩尤的人,传说他长有八只脚,三头六臂,铜头铁额,刀枪不入。他能制造多种兵器,善于使用刀、斧、戈作战,不死不休,勇猛无比。当他成为九黎族的首领后,竭力发展农业,增强军事能力,对外四处征战,逐渐收服了一些小部落,壮大自己的部落,从而一跃成为和炎黄部落抗衡的势力。

黄帝与蚩尤战于涿鹿之野，蚩尤作大雾兵士皆迷。黄帝作指南车以示四方遂擒蚩尤。

冲出迷雾

蚩尤部落觉得自己力量足够强大时，就向炎黄部落发起攻击，双方在涿鹿之野展开争战。蚩尤有81个兄弟，他们个个兽身人面，铜头铁臂勇猛无比。战争之初蚩尤连连取胜。后来，黄帝请来龙和其他奇怪的猛兽助战。蚩尤一看觉得不妙，于是请来风伯和雨师助阵，顿时，天昏地暗，浓雾迷漫，狂风大作，雷雨交加。黄帝也不甘示弱，请来天上的"旱神"帮忙，驱散了风雨。双方不分胜负，这时，蚩尤又用妖术制造了一场大雾，使黄帝的兵士迷失了方向。黄帝利用天上北斗星永远指向北方的现象，造了一辆"指南车"，指引兵士冲出迷雾。

活捉蚩尤

经过许多次激烈的战斗，黄帝先后杀死了蚩尤的81个兄弟，并活捉了蚩尤。黄帝命令给蚩尤带上枷锁，将他处死。为防止蚩尤死后作怪，就将他的头和身子分别葬在两个相距遥远的地方。他戴过的枷锁被扔在荒山上，化成了一片红枫林。蚩尤虽然死了，但他勇猛的形象仍然让人畏惧，黄帝将他奉为战神，并把他的形象画在军旗上，鼓舞士气和警告与他作对的部落。后来，黄帝受到了许多部落的支持，渐渐成为天下共主。

轶闻趣事

传说黄帝有四个妻子，其中最著名有两个，一为正妃嫘祖，她教人民养蚕缫丝，织出丝绸做衣裳，故有"先蚕"的称号；另一妃为嫫母，虽然长相丑陋，但德行兼备。

仓颉造字

仓颉，姓侯刚，号"史皇氏"，黄帝的史官。他曾把流传于先民中的文字加以搜集、整理和使用，在汉字创造的过程中起了重要作用，为中华民族的繁衍和昌盛作出了不朽的功绩。被后人尊为"造字圣人"。

仓颉是中国神话中的人物，相传为黄帝的史官，汉字的发明者，也是道教中文字之神。

结绳记事

没有文字的时代，人们结绳记事，即大事打一大结，小事打一小结，相连的事打一连环结。这在创世之初是个很大的发明。但是时间一久，就不奏效了。增加的数目在绳子上打个结很便当；而减少数目时，在绳子上解结就麻烦了。而且时间一长，容易混淆。后来，人就用刀子在木竹上刻符号记事。但随着历史的发展，文明渐进，事情繁杂，名物繁多，用结绳和刻木的方法，远不能适应需要。这时，创造文字就变得极为重要。

仓颉造字

仓颉是黄帝的史官，于是被授命创造文字。仓颉日思夜想，到处观察，看尽了天上星宿的分布情况、地上山川脉络的样子、鸟兽虫鱼的痕迹、草木器具的形状。他把这些描摹绘写下来，造出种种不同的符号，并且定下了每个符号所代表的意义。仓颉按自己的心意用符号拼凑成几段，拿给人看，经他解说，倒也看得明白。他给这些符号起了个名字，就叫做"字"。仓颉把他造的这些象形字献给黄帝，黄帝非常高兴，立即召集九州酋长，让仓颉把造的这些字传授给他们，于是，这些象形字便开始应用起来。

象形字来自于图画文字，但是图画性质减弱，象征性质增强，它是一种最原始的造字方法。

受到启示

相传在仓颉造字前曾受到过神仙启发。有一天,仓颉正在思索之时,天上飞来一只凤凰,嘴里叼着的一件带有蹄印的东西,并将其丢在仓颉面前。可仓颉辨认不出是什么野兽的蹄印,就问正巧走过来的一个猎人。猎人看了看说:"我能从野兽的蹄印,辨别它们的种类,这是貔貅的蹄印,与别的兽类蹄印不同。"仓颉听了猎人的话很受启发。他想,万物都有特征,如能抓住事物的特征,画出图像,大家都能认识,这不就是字吗? 于是,他开始了自己造字之旅。

轶闻趣事

传说中仓颉生有"双瞳四目"。目有重瞳者,中国史书上记载只有三个人,仓颉、虞舜和项羽。虞舜是禅让的圣人,孝顺的圣人,而仓颉是文圣人,项羽则是武圣人。

造字方法

仓颉的字都是依照万物的形状造出来的。譬如:日字照太阳模样勾画;月字描摹月牙儿形状;人字端详人的侧影画的……仓颉造的字越来越多,往哪里写呢? 石头上? 木板上? 兽皮上? 都不合适! 一天,有人在河边捉住一只大龟,请仓颉给它造字。仓颉把龟细看了一遍,便按其象形,造了个"龟"字,并把字刻在龟的背上。结果这个字不仅长久保持下来,而且龟壳很轻,便于携带。传说从这时起,我们中华民族就有了最早的象形文字和甲骨文。

仓颉仔细观察各种事物的特征,譬如日、月、星、云、山、河、湖、海,以及各种飞禽走兽,应用器物,并按其特征,画出图形,造出许多象形文字来。这样日积月累,时间长了,仓颉造的字也就多了。

共工怒触不周山

共工是炎帝后裔,为治理水土与颛顼发生冲突,最后为争夺帝位,双方在中原地区展开大战。共工因寡不敌众失败而逃,逃往不周山,他被不周山挡住去路,因而用头触不周山。结果,天地倾斜,改善了当时环境,也处成了今日中国的地势。

共工又作龚工,中国上古神话中人物,洪水之神。传说中共工形象凶恶,人面蛇身而红发,性情愚蠢而凶暴,野心勃勃,是黄帝系部族长期的对手。

共工传说

相传原始社会晚期,黄帝之孙颛顼成为黄帝部落首领,统治天下。炎帝的后裔共工,已成为炎帝族分支,共工氏部落联盟的首领,居住在黄河中游,河西地区(约在今河南辉县境),在颛顼部落联盟的上游。当时,黄河经常泛滥成灾,祸及百姓。共工率领部落联盟修筑西岸河堤,防止水患。共工有个儿子叫后土,对农业很精通,他认为应该对土地加以平整,这样才利于农业生产。于是,共工父子齐心协力,治理水土。

争帝之战

共工与颛顼部落本来就矛盾重重,而共工治理水土,就好像是对颛顼地位发起挑战。于是,颛顼告诉民众说,只要共工平整土地,就会触怒鬼神,引来灾难。由于对自然认识不足,人们都相信了颛顼,反对共工的声音

颛顼氏系属黄帝,因此共工与帝颛顼为争权夺利而引发的帝位之争,也可算作炎黄之战的继续。帝颛顼认为,他是部族中至高无上的权威,整个部族应当只听从他一个人的号令,共工不能自作主张。

四起。共工心中愤慨，便约炎帝后裔，决心推翻颛顼统治，争夺主宰天地的帝位。颛顼听到此事后，急忙召集各路诸侯急速支援，自己亲自挂帅，前去迎战。两队人马展开了一场生死较量。

怒触不周山

颛顼与共工部落都是天神的后裔，双方都是天赋异能，因此战况极为激烈。两队人马从天上厮杀到凡界，再从凡界厮杀到天上，几个来回过去，颛顼的部众越杀越多，龙头人身的计蒙、长着两个蜂窝脑袋的骄虫等都前来支援。

而此时，共工部落的人却越来越少，许多将领都被砍伤，一时间，共工身边少了许多能够战斗的人。这时，共工辗转杀到西北不周山下，举目四望，此山崎岖突兀，挡住了去路，绝望中，他撞向了不周山。

意外惊喜

共工氏驾起飞龙，来到半空，猛地一下撞向不周山。霎时间，一声震天巨响，只见不周已经拦腰折断，整个山体轰隆隆地崩塌下来。顿时，西北的天穹失去撑持而向下倾斜，使拴系在北方天顶的太阳、月亮和星星在原来位置上再也站不住脚，身不由己地挣脱束缚朝低斜的西天滑去，这样就形成了我们今天所看见的日月星辰的运行线路，从此有了日夜轮换。另外，悬吊大地东南角的巨绳被剧烈的震动崩断了，东南大地塌陷下去，于是地势西北高、东南低，江河东流、百川归海。

残暴的共工败给了颛顼，恼羞成怒，撞向不周山。

刑天传说

上古神话中，刑天是一位顶天立地的巨神。他原本不是这个名字，后来在与黄帝战争中，被砍掉了头颅，身首异处。虽然身首分离，但他以双乳为目，肚脐为嘴，手持巨斧，战斗到底。因此后人称他"刑天"，意为誓戮黄帝，报仇雪恨。

谁是刑天

刑天出生在南方，成为一名巨神后，被炎帝相中，做了他的属臣。后来炎帝被黄帝推翻，屈居到南方做了一名天帝。炎帝忍气吞声，不和黄帝抗争，但他的儿子和手下却不服气。当蚩尤举兵反抗黄帝的时候，刑天曾想去参加这场战争，只是因为炎帝的坚决阻止没有去成。蚩尤和黄帝一战失败，蚩尤被杀死，刑天再也按捺不住他那颗愤怒的心，于是偷偷地离开南方天庭，径直奔向中央天庭，去和黄帝争个高低。

刑天，又作形天，原名形天，是中国远古神话中的神祇。在《山海经》里则是一位无头巨人，为炎帝的武臣。在甲骨文和金文等记载中，刑天为一人形符号，为氏族部落的象征图腾。

杀向天宫

刑天左手握住长方形盾牌，右手举着发光巨斧，一路过关斩将，砍开重重天门，一直杀到黄帝宫前。黄帝正带领众大臣在宫中观赏仙女们的轻歌曼舞，猛见刑天挥舞盾斧杀过来，不禁勃然大怒："哼，就你这么一个无名小卒，竟敢与我抗争。看来要给你点颜色看看。"不由分说，黄帝拿起宝剑就和刑天搏斗起来。两人剑刺斧劈，从宫内杀到宫外，从天庭杀到凡间，直杀到常阳山旁。

轶闻趣事

陶渊明在《读山海经》中写诗赞颂说："刑天舞干戚，猛志固常在。"而在《山海经》的原本记载中，称作"形天"，而"刑天"之得名，可能源于陶渊明。据甲骨文和金文的记载，刑天为一人形符号，是氏族部落的象征图腾。

决战常阳山

常阳山是炎帝故乡，往北不远，则为黄帝故土轩辕国。两人回到故土是越战越凶。刑天毕竟年轻，一打到常阳山，方寸便有些乱了。此时机敏的黄帝抓住这个间隙，趁机猛地砍向刑天的脖子。只听"咔嚓"一声，刑天小山似的巨大头颅，便从脖颈上滚落下来，落在常阳山脚下。黄帝害怕刑天找到头颅恢复原身与他作战，连忙举起宝剑，砍向常阳山，随着"轰隆隆"巨响声，常阳山被劈成两半，刑天的头颅骨碌落山中，两山又合二为一，把刑天的头颅深深地埋葬起来。

战斗到底

听到声响，刑天知道自己的头颅被埋葬了，他将永远身首异处。他不甘心就这样失败了，他要战斗到底。刑天赤裸上身，把两乳当做眼睛，喷射出愤怒的火焰，将肚脐当做嘴巴，发出仇恨的怒吼。他举起大斧，手拿盾牌，劈向天空，继续和眼前看不见的敌人拼死搏斗。看着无头的刑天还在愤怒地挥舞盾斧，黄帝心里一阵战栗，不由自主地害怕起来，不敢再对刑天下毒手，悄悄地溜回天庭去。据说，没有头的刑天，面对着看不见的敌人，还苦苦战斗了好久，直至力竭而亡。

没了头的刑天并没有因此死去，而是重新站了起来，并把胸前的两乳当做眼睛，把肚脐当做嘴巴；左手握盾，右手拿斧。因为没了头颅，所以他只能向着天空猛劈狠砍，永远与看不见的敌人厮杀战斗。

精卫填海

相传在发鸠山上，有一种名叫精卫的鸟，它每日衔山上的小石头、小树枝去填东海，永不停歇。这是为何呢？原来她是炎帝的女儿，有一次去东海游玩，不幸被大海淹没。于是，她的精魂化做精卫鸟，发誓衔石填海。

精卫去东海玩，遇见风暴袭来。

乖巧女娃

传说精卫原本是炎帝的一个女儿，名叫女娃。她长得十分乖巧。炎帝更是将女娃视为掌上明珠。炎帝不在家时，女娃便独自玩耍，她非常想让父亲带她出去，到东海——太阳升起的地方去看一看。可是炎帝太忙了，他有许多公事需要处理，总是不能满足女娃的要求。有一天，女娃没有告诉父亲，自己一个人驾着一只小船向太阳升起的东海划去，她要看看这世上最最美丽的景色。

遇难化精卫

当女娃划向东海中间时，海上突然刮起一阵狂风。顿时，波涛汹涌，海浪翻滚。小船被山峰一样的海浪打翻，女娃不幸落入海中。最终被无情的大海吞没，永远回不来了。女娃虽然死了，但其精魂还在。她的精魂化做了一只小鸟，头上的野花化做脑门的花纹，脚上的小红鞋变成了红爪，同时，发出"精卫、精卫"的悲鸣，她发誓要填平东海！人们根据她的悲鸣，将其叫做"精卫鸟"。

精卫鸟去西山衔来石子儿和树枝，一次又一次投到大海里，想要把东海填平。

衔石填海

精卫痛恨无情的大海夺去了自己年轻的生命，她要报仇雪恨。因此，她一刻不停地从她住的发鸠山上衔了一粒粒小石子，展翅高飞，一直飞到东海，在海面上回旋、悲鸣，将石子、树枝投向大海。她衔呀、扔呀，成年累月，反复飞翔，从不停息。后来，一只海燕飞过东海时无意间看见了精卫，他为她的行为感到困惑不解，但了解了事情的起因之后，海燕被精卫大无畏的精神所打动，就与其结成了夫妻。它们生出许多小鸟，雌的像精卫，雄的像海燕。小精卫和她们的妈妈一样，也去衔石填海。直到今天，她们还在做着这项工作。

沧海桑田

精卫填海的事惊动了天神。水神共工很佩服精卫的精神，于是就降下洪水，把高原上的泥沙冲进大海，把海水都搅黄了。于是，人们把东海北部发黄的海域叫做"黄海"。当大海发觉自己真有被填平的危险时，赶紧采取措施，把那些泥沙用潮汐推向岸边，泥沙在岸边沉淀下来，就形成了海滩。海滩厚了、大了，人们就把它围起来，改造成良田。精卫锲而不舍的精神，善良的愿望，宏伟的志向，受到人们的尊敬。

铁闻趣事

晋代诗人陶渊明在《读山海经》中写道："精卫衔微木，将以填沧海。"热烈地赞扬精卫鸟敢于向大海抗争的悲壮战斗精神。后世人们也常常以"精卫填海"比喻志士仁人为自己所从事的艰巨卓越的事业，矢志不渝的奋斗精神。

晋代诗人陶渊明写诗说："精卫衔微木，将以填沧海。"后来人们常用"精卫填海"这句成语，比喻按既定的目标坚毅不拔地奋斗到底。图为穹顶画《精卫填海》。

夸父追日

传说夸父是个巨人，为了解救被太阳晒伤的族人，他离开自己的部落，踏上了追赶太阳的历程。当快要追到太阳的时候，他口渴难忍，于是去寻找水源。最终在距离大泽不远处的虞渊渴死，临死前他抛掉手杖，手杖化做桃林，恩泽后世。

夸父是中国古代神话中一个善于奔跑的人

巨人夸父

远古时候，在北方荒野中，有座巍峨雄伟、高耸入云的高山。在山林深处，生活着一群力大无穷的巨人。他们的首领，是幽冥之神"后土"的孙子，名字叫做夸父。因此这群人就叫夸父族。他们身强力壮，高大魁梧，意志力坚强，气概非凡。那时候大地荒凉，毒蛇猛兽横行，人们生活凄苦。夸父为让本族人能够活下去，每天都率领众人跟洪水猛兽搏斗。有一年，太阳异常火辣，将庄稼都晒死了，人们痛苦不堪。为了解救族人苦难，夸父决定去捉太阳。

夸父追日

太阳刚从海上升起，夸父就告别族人，怀着雄心壮志，从东海边上向着太阳升起的方向追去。太阳在空中飞快地移动，夸父在地上如疾风似的拼命追赶。他穿过一座座大山，跨过一条条河流，大地被他的脚步，震得"轰轰"作响，来回摇摆。夸父跑累的时候，就微微打个盹，将鞋里的土抖落在地上，于是形成大土山。饿的时候，他就摘野果充饥。当用石头架锅做饭时，石头就形成三座几千米高的鼎足而立的高山。

轶闻趣事

有人认为夸父逐日实际上是中华民族历史上一次长距离的部族迁徙，是一次很有胆略的探险。但是，由于他们对太阳的运行规律，以及我国西北部地理状况的认识不足，最终悲壮地失败了。

畅饮河水

追赶了九天九夜后，终于离太阳很近了。他已经到了禺谷谷口，这可是太阳落下的地方。可是越靠近太阳就越口渴，于是夸父转过身子，从西方一路北上跑到黄河边，把头往河水里一塞，咕嘟咕嘟地喝了起来。不一会儿黄河的水就被他吸干了。但还是口渴，于是又来到了渭水河边。很快渭水又被喝干了，而且越喝越渴。他想起在北方还有一个大泽，水量比黄河有过之而无不及，想到这里他就抬腿向更北的方向奔去。

拐杖化桃林

尽管他已经喝了两河之水，但他被太阳的热流伤得太重，喝下去的水仍在不断向外散发。他感到两条腿越来越没力气，最终在距离大泽不远的地方虞渊去世。夸父临死时，心中充满遗憾，他还牵挂着自己的族人，于是将自己手中的木杖扔出去。木杖落地的地方，顿时生出大片郁郁葱葱的桃林。这片桃林终年茂盛，为往来的过客遮荫，结出的鲜桃，为勤劳的人们解渴，让人们能够消除疲劳，精力充沛地踏上旅程。

夸父死了，他并没捉住太阳。可是天帝被他的无私、勇敢的英雄精神所感动，惩罚了太阳。从此，他的部族年年风调雨顺，万物兴盛。夸父的后代子孙居住在夸父山下，生儿育女，繁衍后代，生活得非常幸福。

羿 射九日

羿射九日是上古神话传说中非常出名的一个故事。力大无比的羿为了挽救人间疾苦，背上弓箭，翻山越岭，最终射下九个太阳，解除高温，使人间恢复正常。从此地球上气候适宜，万物在一个太阳的普照下，茁壮成长。

羿是传说中夏代部落东夷族有穷氏首领，擅长射箭。

传说尧时，十日(指太阳)并出，百草枯，猰㺄、凿齿、九婴、大风、封豨、修蛇等恶兽四处为害，后羿按尧的命令除去了这几种恶兽，又射去九日，为民除害。

天帝十子

在创世之初，天空中曾出现十个太阳。它们是东方天帝的儿子，每天由母亲放在汤谷中洗澡。因为每个太阳的中心是只鸟，所以，每次洗完澡后，它们就像小鸟一样栖息在一棵大树上。每次有九只住在较矮的树枝上，一只住在树梢上，当黎明预示晨光来临时，住在树梢的太阳便坐着两轮车穿越天空，给大地万物带去光明和热量。十个太阳每天一换，世界非常祥和。可是，有一天，它们觉得要是一起周游天空，肯定很有趣。于是它们集体出游，但没想到这样会给人类带来极大的灾难。

引祸人间

瞧！天上出现了十个太阳。这可不得了了，土地被烤焦了，干裂成一块一块的；禾苗被晒死了，田地一片荒芜；河流干涸，鱼儿也被晒死了；森林着火啦，树木化成了灰烬，甚至山石、沙土都要熔化了。人们没有吃的、喝的，还忍受着炎热，没过多久，到处都出现渴死、饿死的人。更糟糕的，有九个凶恶的怪兽从森林里逃出来，祸害人间。人间几乎变成炼狱，人们的生活苦不堪言，对于太阳也是恨到了极点。

羿谪人间

领命射日

人间帝王尧看见子民深受煎熬,就向人间征集能人志士,射杀太阳。这时有一个年轻的狩猎者,他长得高大魁梧,双臂粗壮有力,是部落的神射手。

尧见到羿后,命侍从拿来一把红色神弓和九支银白色的神箭。这弓自盘古开天时就已经存在,但从没人拉开过弓弦。然而却被羿轻而易举地拉开了。于是,帝尧就把弓箭赐予羿,命他射杀太阳,解救处于灾难中的人类。

羿射九日

羿背上弓箭,爬过高山、越过大河,穿过峡谷,终于登上东海边的大山。

他拉开强弩,搭上利箭,瞄准火辣辣的太阳,嗖的一箭射去,第一个太阳被射落了。羿又拉开弓箭,接二连三地射向太阳,箭无虚发,射落了九个太阳。正当他准备射下最后一个太阳时,却发现箭已经用完了。可是,这个剩下的太阳害怕极了,在天上摇摇晃晃,慌慌张张,很快就躲进大海里去了。从此,天上就剩下一个太阳,总是从海上偷偷地升起。

羿领命后,背上弓箭,日夜兼程,降临人间,射九日,除大害。

嫦娥奔月

中秋节是我国的传统节日,每年农历八月十五,人们准备瓜果,于院中赏月,以此遥思远在他乡的亲人。传说,这个节日的来临,与一个美丽的神话传说有关,即嫦娥奔月。现在,就让我们一起去探求其中的动人故事吧。

嫦娥,本作姮娥,又作常娥,是中国神话人物,为羿之妻。

羿与嫦娥

羿射掉九个太阳,为民除害后,受到许多人的敬佩,于是被推举为部落首领。他就带领这个部落的人经常出外狩猎,维持生活。一日,他们出去打猎,遇到了另一个部落的女子,名叫嫦娥。她长得非常漂亮,而且勤劳朴实,心地善良,非常受大家的欢迎。与羿一见钟情,他们也算是郎才女貌,于是在大家的撮合下,二人结为连理。夫妻二人恩恩爱爱,生活非常甜蜜。

奸诈逢蒙

羿立下盖世神功后,不少志士慕名前来投师学艺。奸诈刁钻、心术不正的逢蒙也混了进来。一天,羿到昆仑山访友求道,巧遇由此经过的王母娘娘,便向王母求得一包不死神药。据说,服下此药,能即刻升天成仙。然而,羿舍不得撇下妻子,只好暂时把不死神药交给嫦娥珍藏。嫦娥将药藏进梳妆台的百宝匣里,不料被逢蒙看到了。一天,后羿率众徒外出狩猎,心怀鬼胎的逢蒙假装生病,留了下来。等他们走后不久,逢蒙就手持宝剑闯入内宅后院,威逼嫦娥交出不死神药。

逢蒙本是一个山间猎手。羿发现他灵敏而又勇敢,就尽心竭力辅导他射术。作为徒弟的逢蒙却不高兴有个本领比他还高,名气比他还响的老师。他要独霸箭坛,就想除去老师。

嫦娥吞下不死神药后,向天上飞去。

嫦娥奔月

嫦娥知道自己不是逢蒙的对手,危急之时她当机立断,转身打开百宝匣,拿出不死神药一口吞了下去。嫦娥吞下后,身子立马飘离地面、冲出窗口,向天上飞去。由于不忍心离开羿,嫦娥就滞留在离人间最近的月亮中的广寒宫,做了月中仙女。广寒宫里寂寥难耐,于是就催促吴刚砍伐桂树,让玉兔捣药,想配成飞升之药,好早日回到人间与羿团聚。

中秋思念

傍晚,羿回到家,侍女们哭诉了白天发生的事。羿非常愤怒,抽剑去杀恶徒,逢蒙早已逃走了。悲痛欲绝的羿,仰望着夜空呼唤爱妻的名字。这时他惊奇地发现,今天的月亮格外皎洁明亮,而且有个晃动的身影酷似嫦娥。他急忙派人到嫦娥喜爱的后花园里,摆上香案,放上她平时最爱吃的蜜食鲜果,遥祭在月宫里眷恋着自己的嫦娥。百姓们听到嫦娥奔月成仙的消息后,纷纷在月下摆设香案,向善良的嫦娥祈求吉祥平安。从此,中秋节拜月的风俗在民间传开了。

轶闻趣事

相传广寒宫里有棵桂树,枝繁叶茂,有五百丈高。它有一个特点就是永远也砍不倒,随砍随合。而在广寒宫中砍树的吴刚,原是汉朝人,曾经跟随仙人修道,到了天界。后来,他犯了错误,仙人就把他贬到这里日日砍树,以示惩戒。

牛郎织女

牛郎织女的传说在民间广为流传。每到农历七夕情人节，就会有乞巧活动，诗人也会写诗歌颂，如秦观的"迢迢牵牛星，皎皎河汉女……两情若是长久时，又岂在朝朝暮暮。"就情真意切地歌颂了牛郎与织女的美丽爱情故事。

牛郎与织女，男耕女织，生儿育女，和和美美地生活着。织女还把纺织技术教给凡人，很受欢迎。

忠厚牛郎

相传很久以前，在南阳西牛村有个放牛郎，父母早亡，他与哥嫂一起生活。经常受嫂子马氏的虐待，但一直保持善良忠厚的本性。一日，他出去放牛，碰到了一头生病的老牛，非常心疼。于是他为老牛打来一捆草，一连照顾老牛三天。老牛吃饱了，才抬起头告诉他：自己本是天上的灰牛大仙，因触犯了天规被贬下凡来，摔坏了腿，无法动弹。自己的伤需要用百花的露水洗一个月才能好，牛郎不畏辛苦，细心地照料老牛一个月，并把它带回家喂养。

牛郎织女是一个很美丽的千古流传的爱情故事，是我国四大民间爱情传说之一。

仙女下凡

在牛郎生活的村子附近有条天河，天上的仙女有时来这里洗浴。有一年夏天，灰牛大仙告诉牛郎：今天黄昏时刻，有仙女来天河中洗澡，你只要偷走其中一件紫色衣服，那个仙女就无法返回天宫，就会留下做你的妻子。牛郎听后半信半疑地来到河边的草丛中躲藏起来，只见夕阳西沉，天空中晚霞绚丽多彩，而在天河中，七个仙女正在河中欢快地嬉戏玩笑。河岸边放着七彩衣裙，牛郎就按照老牛的指示，将紫色裙子藏了起来。

他们结婚以后，男耕女织，相亲相爱，日子过得非常美满幸福。不久，他们生下了一儿一女，十分可爱。

牛郎织女

仙女们沐浴完要回天宫时，最小的仙女才发现衣裳不见了，急得哭了起来。这时牛郎捧着她的衣裳出现，要求只要答应做他的妻子，就把衣裳还给她。织女看牛郎忠厚老实，便含羞地答应了，做了牛郎的妻子。从此，他们男耕女织，夫妻恩爱，还生了一双儿女，一家人生活得很幸福。织女还把从天上带来的天蚕分给大家，并教大家养蚕，抽丝，织出又光又亮的绸缎。但好景不长，这事很快被王母知道了。这下可不得了，仙女怎么能与凡人生活在一起，她要把织女带回天庭。

鹊桥相会

牛郎上天无路。还是灰牛大仙告诉牛郎，在它死后，可以用它的皮做成鞋，穿着就可以上天。牛郎按照老牛的话做了，穿上牛皮做的鞋，拉着自己的儿女，一起腾云驾雾上天去追织女。眼见就要追到了，岂知王母拔下头上的金簪一挥，一道波涛汹涌的银河出现了，牛郎织女被隔在两岸，只能相望流泪。他们的爱情感动了喜鹊，千万只喜鹊飞来，搭成鹊桥，让他们走上鹊桥相会，王母对此也默认了，只好允许两人每年七月七日在鹊桥见面。

轶闻趣事

七夕节源于汉代，是我国传统节日中最具浪漫色彩的一个节日，也是过去姑娘们最为重视的日子。在这一天晚上，妇女们穿针乞巧，祈祷福禄寿，而少女们则摆放瓜果，祈求美好的爱情。后来，七夕节演变为中国的情人节。

湘
君和湘夫人

娥皇和女英

传说英明的舜帝曾到南方巡狩，走到湖南九嶷山时不幸病逝，他的两位妃子，娥皇和女英听到噩耗后，一路追至湘江边，恸哭不已。她们的清泪落在竹子上，留下斑斑痕迹。后来，二人投水而亡，化做水神，娥皇为湘君，女英是湘夫人。

舜是中国古代传说中三皇五帝之一，名重华。生于姚墟，故姚姓，今山东诸城市万家庄乡诸冯村人。舜为四部落联盟首领，以受尧的"禅让"而称帝于天下，其国号为"有虞"，故号为"有虞氏帝舜"。

英勇舜帝

尧舜时代，湖南九嶷山上有九条恶龙，住在九座岩洞里，经常到湘江来戏水玩乐，以致洪水暴涨，庄稼被冲毁，房屋被冲塌，老百姓叫苦不迭，怨声载道。舜帝关心百姓的疾苦，他得知恶龙祸害百姓的消息，饭吃不好，觉睡不安，一心想要到南方去帮助百姓除害解难，惩治恶龙。

娥皇女英

娥皇女英是舜帝的两个妃子，她们由父亲尧做主，嫁给这位贤德的君主。娥皇和女英二人虽然出身皇家，又身为帝妃，但她们却生活简朴，心地善良，温柔贤惠，深得舜帝和百姓的敬重。她们对舜的这次远离家门，也是依依不舍。但是，想到为了给湘江的百姓解除灾难和痛苦，她们还是强忍着内心的离愁别绪欢欢喜喜地送舜上路了。

弃宫寻夫

舜帝走了，娥皇和女英在家日夜为他祈祷，盼他征服恶龙，早日凯旋。可是，花落花开，燕子都来去了几回，舜帝依然杳无音信，她们担心了。娥皇说："莫非他被恶龙所伤，还是病倒他乡？"女英说："莫非他途中遇险，还是山路遥远迷失方向？"她们二人思前想后，最后决定出宫寻夫。于是，娥皇和女英迎着风霜，跋山涉水，到南方湘江去寻找丈夫。

娥皇、女英的美丽动人的形象,历来成为吸引诗人、画家的创作题材。诗人屈原的《九歌》中的《九歌·湘君》、《九歌·湘夫人》,是最早的歌颂二妃的不朽诗篇。

珍珠坟墓

娥皇和女英历经艰辛,终于到达了九嶷山。一天,她们来到了一个叫三峰石的地方,这耸立着三块大石头,翠竹围绕,有一座珍珠贝垒成的高大的坟墓。她们感到惊异,便问附近的乡亲:"是谁的坟墓如此壮观美丽?三块大石为何险峻地耸立?"乡亲们含泪告诉她们:这是舜帝坟墓,为斩杀恶龙,帮助人民过上好日子,舜帝最终累死在这里,为纪念他,百姓立了一座坟墓。九嶷山上的一群仙鹤也为之感动了,它们朝朝夕夕地到南海衔来一颗颗灿烂夺目的珍珠,撒在舜帝的坟墓上,便成了这座珍珠坟墓。

泪染湘竹

娥皇和女英得知实情后,难过极了,二人抱头痛哭起来。她们悲痛万分,一直哭了九天九夜。以致把眼睛哭肿,嗓子哭哑了,最后眼泪也流干了,滴滴血泪洒在了九嶷山的竹子上,竹竿上便呈现出点点泪斑,有紫色的,有雪白的,还有血红血红的,这便是"湘妃竹"。

轶闻趣事

《史记》记载:"天下明德,皆自虞舜始"。帝舜,姓姚,名重华。尧帝的女婿,因建国于虞,故称为虞舜。为至孝至善之人。后受禅为天子,励精图治,是一位明君。

娥皇和女英泪下沾竹,竟再也无法褪去,就形成了眼泪一样的斑点,所以后人又称湘妃竹。

45

鲧 禹治水

上古时候，洪水泛滥，人民生活苦不堪言。于是，尧命大臣鲧治理洪水，不见成果，最终鲧被处死。鲧死后，他的儿子禹接过父亲遗愿，专心治理河水，他不贪图安逸，三过家门而不入，最终完成治水任务。

大禹出世

鲧治洪水

尧在位的时候，黄河流域发生了很大的水灾。庄稼被淹，房子被毁，老百姓只好往高处搬。尧召开部落联盟会议，商量治水的问题。他征求四方部落首领的意见后，决定派鲧去治水。 鲧的想法太过简单，只是建坝筑堤来阻挡洪水，结果，花费9年时间，不仅没把洪水制服，还因积蓄大量洪水使堤坝崩溃，引来更大灾难。后来鲧被处死，临死前嘱咐儿子禹一定要把水治好。

大禹治水

禹没有继续他父亲"堵"和"填"的治水方法，而是采用了疏导河道的办法。经过十年的努力，在禹的带领下，众人终于把洪水引到大海里去了，生产和生活秩序也都渐渐恢复了。禹在治水期间，和老百姓一起劳动，他常常戴着箬帽，拿着锹带头挖土和挑土，因为脚长年泡在水里，结果连脚后跟都烂了，只能拄着棍子走。后人都赞禹治水的功绩，尊称他为大禹。

尧便派鲧治水，他用石头、泥巴堵住洪水，结果反使洪水更加泛滥。后来尧把帝位传给舜后，鲧便被舜帝处死。

三过家门不入

舜帝派大禹去整治洪水，大禹一去13年，曾经"三过家门而不入"。第一次，禹走近家门，听见母亲的骂声和儿子的哭声，本来想进去劝解，可又怕母亲唠叨，耽搁了治水的时辰，于是就悄悄地走开了。又过了几年后，大禹第二次经过家门。当他登上家门口的小丘，看见家里烟囱冒出的袅袅炊烟，又听见母亲与儿子的笑声时，感觉很放心。为了治水大业，他还是绕过家门，赶紧向工地奔去。最后一次，一天傍晚，大禹因治水来到家的附近。突然天下起了滂沱大雨，大禹来到自己家的屋檐下避雨，只听见屋里母亲在对儿子说："你爹爹治平了洪水就回家。"大禹听得非常感动，更坚定了治水的决心，立刻又转身上路了。

大禹三过家门而不入

轶闻趣事

大禹因为治水有功，被大家推举为舜的助手。当舜年老时众人一致推举大禹为部落联盟首领，舜把帝位"禅让"给大禹。后来，禹的儿子启打破"禅让"制创建了我国第一个奴隶制国家夏，因此后人也称禹为夏禹。

河伯授河图

传说大禹治水得到了黄河水神河伯的帮助。河伯曾经历经艰险查看黄河水情，最终画成了一张河图。可是等他把河图画好时，已经年老体弱，无法亲自治理河水了。后来，他知道大禹要治水，就决定把河图传授给禹。有一天，河伯听说大禹带着开山斧、避水剑来到黄河边，就赶紧将图授予禹。大禹看到图后，根据图上的指点，日夜不停地努力，终于治住了黄河。

禹亲自率领老百姓风餐露宿，整天泡在泥水里疏通河道，把平地的积水导入江河，再引入海洋。禹坚韧不拔，勇于开拓的精神，经过了13年治理，终于取得了成功，消除了中原洪水泛滥的灾祸。

愚 公移山

愚公移山是一个流传数千年的故事，从古至今人们津津乐道。愚公为了排除险阻，打开通道，率领全家搬走太行、王屋两座大山这一件大而又艰巨的工程。反映了我国古代劳动人民改造自然的伟大气魄和惊人毅力。

愚公移山，是《列子·汤问》里的一篇文章，作者为战国的列御寇，叙述了愚公不畏艰难，坚持不懈，挖山不止，最终感动天帝而将山挪走的故事。

商讨移山

从前，有一个九十多岁的老人，名叫愚公。他家门前有两座大山，王屋和太行。这两座山高约30千米，宽约350千米，它们在冀州的南面，黄河的北面，把村子挡得严严实实，大家出行往往要绕很远的路。有一天，愚公就召集全家来商量说："这两座大山挡住了我们的去路，我们一起努力把它们移走，你们觉得怎么样？"大家都深受这两座大山之害，十分赞同愚公的话。但是他的妻子对此十分怀疑，提出了实际困难，愚公一一帮她解答了困惑，最终得到了妻子的支持。

愚公移山

愚公说干就干，他带领儿子和孙子，一行三人来到太行和王屋山下，敲碎石头，挖出泥土，用簸箕和竹筐把这些东西装走，运到渤海边。它们就这样日复一日，年复一年，执著地做着移山的工作，风雨无阻。他们的行为感动了其他人，大家都来帮忙，就连邻居京城氏七八岁的儿子，也蹦蹦跳跳地去帮助他们。寒来暑往，季节变换，往返一趟，虽然慢，但他们都坚定不移地挖土移山。

太行山山势险峻，历来被视为兵之要地。是中国东部地区的重要山脉和地理分界线。

智叟劝阻

在黄河边上，住着一个精明的老人，别人都叫他"智叟"。智叟听说愚公要移山，就竭力阻止，并嘲笑他说："你这个老糊涂！都这把年纪了，还想去移山，别说是运石块，就连草木也损伤不了。"愚公听后，长叹一声说："你这样冥顽不灵，连寡妇和儿童都不如。我当然会死，但还有儿子在呀；儿子又生孙子，孙子又生儿子；儿子又有儿子。儿子又有孙子；子子孙孙是没有穷尽的啊。可是山却不会再增高加大，还愁什么挖不平呢？"几句话说得智叟哑口无言。

天神帮忙

有一个手持蛇形拐杖的山神听到了愚公和智叟的对话，也看到了愚公一家的行动，害怕得不得了，担心愚公真会固执地把两座山挖走，就向天帝作了报告。天帝却被愚公的精神所感动，便命令大力神夸娥氏的两个儿子背走了两座大山，一座放在朔方的东部，一座放在雍州的南面。从此，愚公一家再也不为进进出出而发愁了。从冀州的南部，一直到汉水的南边，再没有高山阻隔了。

愚公说："我死了有儿子，儿子死了还有孙子，子子孙孙无穷无尽的，两座山终究会凿平。"

十二生肖传说

据史学家考证,十二生肖选用动物作为标志,最早可能与图腾有关。在古代,各个部落都会选用一种特别惧怕或者喜爱的动物,以其图案作为本部落的标志。但在民间传说中,十二生肖的产生又蕴含着有趣的故事。

十二生肖也被称为十二年兽。在中国的历法上有十二只年兽依次轮流当值,所以我们的中国年就有以鼠,牛,虎,兔,龙,蛇,马,羊,猴,鸡,狗和猪应用在历法上。

选择属相

传说天地初分,天空纯蓝,青山苍翠,人类不断繁衍。但是因为没有时间管制,人类不能辨别季节循环,无法区分年尊年幼,长此以往,生活秩序就会被打乱。想到这种情况可能会发生,天上的玉皇大帝就颁布了一道圣旨,凡是天下动物,都在某时某刻前往天宫参加十二属相甄选,来的越早排的越靠前,最早一个赶来天庭报道的就被封为"生肖王"。

互通消息

众动物听到玉帝选属相的消息后,奔走相告。猫和老鼠是好朋友,但它爱睡觉,于是就叫老鼠叫它。老鼠去找老牛,说他起得早跑得快,叫牛到时候带着他,老牛答应了。那个时候的龙是没有犄角的,而鸡是有犄角的,龙就跟鸡说:"你已经很漂亮了,用不着犄角,把它借给我吧。"鸡一听龙的奉承,很高兴,就把犄角借给了龙,并叫龙竞选后记得按时还他,龙满口答应了。而其他动物听到消息后也都准备着去天庭参加竞选。

十二生肖老鼠和猫的故事

动物排序

甄选时间到了，众动物纷纷赶向天宫。鼠坐在牛的背上，到达天庭后，它"蹭"的一跳。玉帝就说老鼠最早到达，让它排第一；老牛排第二；老虎、兔子也到了，那就排第三第四；龙来得很晚，但它个儿大，玉帝一眼就看见戴着犄角的它，于是让他排第五，还说让它儿子排第六，龙很失望，因为它儿子没来。这时蛇跑来说："他是我干爸我排第六！"马和羊也到了，他俩你推我让的，玉帝看它们这么有礼貌，就让它们排了第七第八；猴子本来排三十几的，可是他凭自己会跳，就拉着天上的云朵跳到了前面，排到了第九；接着鸡狗猪也纷纷被选上。

鸡在生肖中代表恒定。

老鼠骗猫

其实在传出玉帝选动物排属相的时候，花猫和老鼠都要去竞选。当时，它们两个还是好朋友。但是花猫是个大懒虫，于是它就对老鼠说："明天早晨我们要去天庭竞选，我有贪睡的毛病，到时你可一定要喊我起床哦！"老鼠爽快地答应道："好说，好说！"可是第二天一大早，不讲信誉的老鼠却偷偷起床，不辞而别了。等到日上三竿时，花猫才伸伸懒腰起床，等它脑子清醒过来后才发现竞选的时间早就过了，于是，气急败坏的猫就等在天宫外将洋洋得意的老鼠吃掉了，从此，猫和老鼠就成了世代冤家。

老鼠代表智慧，牛代表勤奋。智慧和勤奋一定要紧紧结合在一起。如果光有智慧，不勤奋，那就变成小聪明；而光是勤奋，不动脑筋，那就变成愚蠢。这两者一定要结合。这是祖先对我们第一组的期望和要求，也是最重要的一组。

轶闻趣事

十二生肖不是汉民族的专利，许多少数民族也使用生肖纪年，但是各民族的属相动物又略有不同。如，蒙古族的十二生肖排行为：虎、兔、龙、蛇、马、羊、猴、鸡、狗、猪、鼠、牛。

世界篇

世间万物从何而来？人类的老祖宗是谁？西方的上帝，快乐的伊甸园；希腊人眼中奥林匹亚山；古埃及人的拉神。这些都是不同国度的人民，对于其生活环境的最初理解，是人类智慧的结晶。你想知道异域文化中的人们眼中世界之初的样子吗？让我们一起来看看这些奇妙的故事吧！

太阳神拉的传说

古埃及的赫利奥波利斯（今开罗），被称为"众神之乡"。在这里，供奉着太阳神——拉以及他显赫的众神家族。在埃及第三王朝，对太阳神拉的信奉已经非常广泛，他成为万能的，创造一切的神，还是法老王的父亲。

太阳神拉可以说是全埃及地位最高的神灵，其出生融合了几个埃及关于世界诞生的设想。

拉的诞生

埃及人认为，世界原本是一片茫茫的大海，它是圣水，世界万物都从水中诞生。而管理这个圣水的神就是努。关于拉的诞生，则有几种不同的版本，有的说他是一个发光的蛋，在努的体内孕育后，由努用双手举出海面；也有的说在圣水努中，有一朵盛开的荷花，而拉就在荷花中孕育。在古埃及，拉是一位像上帝一样无所不能的神。他创造一切，让天空从大海上升起，让陆地从海中分出来，让天空产生白云，创造一切生物。他是光明和天堂的象征。

拉神成为主神后，和原来更古老的主神融合，因此他有着众多的名字，早上叫赫普尔，白天叫拉，傍晚叫阿特姆。

生长历程

努有两个儿子，大儿子阿赫，小儿子拉，努临死之前要求阿赫照顾拉。但是努死后阿赫夫妻想独吞父亲的遗产，虐待拉。等到拉长大后要求拿回自己的一份财产时，却遭到拒绝，并且被赶到邻国。拉在邻国却受到国王的优待，并且娶了公主。拉回到自己的国家，哥哥阿赫嫉妒他，并将其害死，还打算取弟媳为妻。公主救活了拉，并将其藏起来。在阿赫和公主成婚的时候，拉出现，指责了哥哥的罪恶。阿赫受到诸神的唾弃，被赶走。而拉成了众神之王和太阳神，永远统治

太阳神拉被抬高为至高无上的神，几乎成了一位希伯来上帝式的无所不能的神灵，他创造一切，让天空从大海上升起，让陆地从海中分出来，让天空产生白云，创造出一切生物。

天国。阿赫被拉派到遥远的地方守夜，成了月亮之神。

众神之神

拉成为主神后，凭借自己强大的力量成了宇宙的造物主，创造苍天与大地，生了众神，然后英明地统治着他们。拉不仅是光明的象征，他还是亡灵的守护者之一。人死之后，灵魂就能乘上太阳神拉的神舟，超越地界12个国土，飞到光明灿烂的永生天国。夜晚，太阳落下的地方是亡灵聚集的地方，他每天晚上就以死亡的形式游过冥府，然后与蛇鏖战。甲虫神充当复活神的角色，附在他的尸体上，使他复活。

报复人类

拉神的统治经历了上亿年，日益年迈体衰的他，逐渐消失了强大的统治力量。这时，人类开始对他不敬，甚至嘲笑他。太阳神拉被人类的恶行所激怒，派遣他的女儿哈托尔和女神索赫梅特下界问罪。索赫梅特是狮首人躯、暴戾成性的女战神。她下界后大施淫威，企图灭绝人类。太阳神发觉后连忙设法制止。他降旨赐美酒给索赫梅特喝，她喝下后酩酊大醉，沉睡不醒，于是人类才免除了一场灾难。

太阳神拉的形象

守墓之神阿努比斯

阿努比斯是埃及的守墓之神。埃及人认为，人死后先会进入亡者之殿，然后接受死亡之神的审判，被升入天堂或者被打入地狱。同时他们认为人还会复活，因此它的灵魂和身体就不能再次受到伤害，那么就需要阿努比斯的守护。

对古埃及人来说，来生极其重要，因此守卫亡者的阿努比斯神在很早以前就被人所崇拜。

阿努比斯

传说阿努比斯是亡灵之神奥西里斯的儿子，是奥西里斯与妹妹伊西斯所生。他是介于黑暗与黎明中间状态的神灵，因而是亡灵的守护者。相传，他因为发明了制作干尸的方法而受到崇拜。阿努比斯神帮助死者保存尸体，这样死者才能复活。其形象通常为犬首人身，有时则完全是一只犬，据说这样才能找到父亲奥西里斯的躯体。

父亲奥西里斯

奥西里斯是大地之神盖布的儿子，他与妹妹伊西斯结合为夫妇，并将埃及引向繁荣。但是奥西里斯被弟弟赛特嫉妒。在一次酒宴上，赛特制作了一个镶满宝石和黄金的棺材，并且是按哥哥的身材量身定做的。赛特在酒宴上宣称"能够完美躺在箱子里的人将得到这个棺材"。奥西里斯进去了，并被关在里面，然后扔进了尼罗河。妻子伊西斯在丛林里找到了丈夫的尸体，然后藏在沼泽里，准备使自己的丈夫复活，但被出去打猎的赛特发现。于是赛特将哥哥分尸成14块，扔到了埃及的各个角落。虽然伊西斯再次找到他的尸骸，但只找到13块，生殖器部分被鱼吃掉了。因为此时他已经无法在人间复活，便成了地界的主宰和死亡判官。

轶闻趣事

在法老的坟墓中经常能看到阿努比斯的身影，这是为了防止亡者的灵魂，尤其是法老的身体受到二次伤害。而古埃及人认为，只有阿努比斯的守护才可让他们的灵魂得到庇护。

守墓之神

埃及人认为，人死后会前往亡者之殿，并且人有来生，所以需要阿努比斯作为亡灵的引导者和守护者。他的主要工作就是，负责审判之秤的称量工作，即在秤的一边放置洛克的羽毛，另一边放置死者的心脏，如果心脏与羽毛重量相当的话，那么这个人就可以升上天堂，与众神永生。如果心脏比羽毛重的话，这个人就有罪了，将会被打入地狱，会被魔鬼吃掉。

多重身份

阿努比斯不仅负责审判之秤的称量工作，他还掌管着尸体防腐的方法。在奥西里斯遇害后，他为父亲的尸体涂满香油，用编织好的亚麻布把尸体包裹起来，并把自己的手按在奥西里斯的尸体上保护他，以免尸体腐烂。他把木乃伊送入墓穴，掌管他们的灵魂；更重要的是他保护死者不受欺骗和保证他们能够复活。此外，他又是葬礼山上的涂香者，因而又成了香神。但在更早期的经文中，他还是大神拉的使者。

阿努比斯神的雕塑

埃及古墓中阿努比斯的壁画

众 神之王宙斯

宙斯是希腊神话中的主神，是奥林匹斯山的统治者。他是在母亲的保护下才免遭厄运的。长大后，他借助妻子聪慧和自己的力量，战胜父亲，解救被父亲吞入腹中的哥哥们，最终取得掌握宇宙的权力，并成为希腊众神之父。

宙斯是希腊神话中最高的主神，主宰一切天象。

宙斯诞生

在希腊神话里，宙斯是克洛诺斯之子。克洛诺斯是时间的创力和破坏力的结合体，他的父母是天神乌拉诺斯和地神盖亚，他的妻子是掌管岁月流逝的女神瑞亚。瑞亚生了许多子女，但每个孩子一出生就被克洛诺斯吃掉。当瑞亚生下宙斯时，她决心保护这个小生命。她用布裹住一块石头谎称这是新生的婴儿，克洛诺斯将石头一口吞下肚里。于是，宙斯躲过一劫，他被送到克洛诺斯的姐姐宁芙女神那里抚养长大。

解救同胞

宙斯长大成人后，知道了自己的身世，决心救出自己的同胞兄弟。他娶聪慧女神墨提斯为妻，听从妻子的计谋，引诱父亲克洛诺斯服下了催吐药。克洛诺斯服药后不断呕吐，把他腹中的子女们都吐了出来，这其中就有海神波塞冬，地狱之神哈迪斯。宙斯对其父的暴政极为反感，他联络众兄弟对父亲发动了一场战争。宙斯为了尽快取胜，听取了兄弟普罗米修斯的建议，跟众兄弟联合对抗父亲。最终，宙斯及其兄弟们，凭借过人的智慧与力量，取得了胜利，将残忍

以大地女神盖亚为中心，周围汇聚了半人半羊的山神潘、持蛇的命运女神、半醒半醉的酒神、化为桂树的山林之神，这些神向来我行我素，不太顾忌宙斯的权威。

的克洛诺斯打进了地狱的最底层。胜利之后,他们经过抓阄的方式,选取神主。宙斯获胜,做了天上的王,统治万物。

众神之父

宙斯坐镇奥林匹斯山,拥有至高无上的权力和力量。他以雷电为武器,维持着天地间的秩序,公牛和鹰是他的标志。他是正义的引导者,对于人类的统治公正不偏。他的劝告不易理解,决定不可改变,他的意愿是经过审慎的、正确无误的智慧的意愿。但是宙斯却很好色,他同许多女神和凡间女子都有亲密关系,奥林匹斯的许多天神,以及希腊神话中半人半神的英雄,都是他和不同女人生下的子女,因此宙斯又被称为天神和凡人之父。

宙斯好色无厌,他来到人间,化为云雾引诱伊娥。

天后赫拉

宙斯有许多情人和妻子,而赫拉则是最出名的一位,地位仅次于宙斯。她的罗马名字为朱诺,是宙斯的姐姐,在宙斯取得宇宙统治权后成为天后。据说,她梳着美丽的头发,分享着丈夫的权力。她往往以战服的装束出现,手持钢刀,头戴镶有花叶的冠冕,威风凛凛。随侍她左右的是季节女神奥雅丝,社交女神卡莉丝和彩虹女神伊里斯。赫拉贞洁而贤能,掌管婚姻和家庭,罗马人称她为"使婴儿见到日光"的女神,是忠贞妻子的形象,妇女的保护神。

轶闻趣事

奥林匹斯山坐落在希腊北部,是由非洲大陆与欧亚大陆挤压而成,为塞萨利区与马其顿区间的分水岭。奥林匹斯山是奥运圣火精神的源头,也是希腊神话之源。它是古希腊成为欧洲文化发源地不可缺少的元素。

宙斯与他的妻子赫拉

太阳神阿波罗

阿波罗是奥林匹斯山上的十二主神之一，是主神宙斯与暗夜女神勒托所生之子，阿尔忒弥斯的孪生哥哥。他全名为福玻斯·阿波罗，意思是"光明"或"光辉灿烂"。在古希腊神话中，阿波罗是最受推崇的一个，关于他的故事更是说不完。

阿波罗雕像↑

宙斯之子

相传宙斯十分喜欢暗夜女神勒托，他们相爱后，勒托有了身孕，但却引起了赫拉的嫉妒。勒托被迫出走，她走了九天九夜也找不到栖身之处，后来她变成一只天鹅来到一个浮岛，在宙斯的帮助下，用四跟柱子把浮岛固定在海底。阿波罗和他的姐姐阿尔忒弥斯就出生在这个岛上，这个岛后来被取名提洛岛。阿波罗降生时，身体发出万丈金光，就连天上的女神都高兴地欢呼起来。

随着时间的推移，阿波罗长成了一个英俊强壮的少年。

俊朗少年

在人们心中，阿波罗是一个精力充沛，血气方刚的少年。他容貌英俊，面带微笑，浑身散发着芳香。略微飘起的长发，垂在肩上。前额宽阔，显得精明、坚定和安详。他的头上经常带着用月桂树或者木橄榄编织的帽子。他被誉为光明之神，曾驾驭着太阳战车，为人类送来光明。作为奥林匹亚山上的一个重要的神，他受到了众神的尊敬以及人类的崇拜。这个宙斯的儿子确实有着与众不同的神能。

多才多艺

阿波罗还是一位艺术之神，他很擅长弹奏七弦琴，美妙的旋律犹如天籁之音。可唤起人们倾注于圣歌中的各种情感。相传在奥林匹亚山上，他手持金质里拉，可以指挥众神合唱。而且他奏出的乐曲,不仅能感动有生命的生物,而且连自然界中的石头都能感动。当他帮助波塞冬建造特洛伊城墙时,里拉奏出的音乐如此动听,以致石头都有节奏地、自动地各就其位。相传,有一次,他和一个凡人音乐家比赛,最终战胜了凡人,他就惩罚这个凡人,让他为自己的狂妄自大,付出代价。此外,阿波罗还精通箭术,总是百发百中。

阿波罗用竖琴弹出优美的曲子,不论谁听到阿波罗的琴声,都会情不自禁地走到他面前聆听他的演奏。

爱情悲剧

阿波罗与达芙妮之间的爱情是一场悲剧,而这场悲剧的开端也是由阿波罗引起。据说,阿波罗曾嘲笑小爱神丘比特,认为他的箭像玩具一样,不可能建立不朽的功勋。丘比特听后很不服气,于是趁阿波罗不注意,"嗖"的一声将代表爱情火焰的金箭射向阿波罗,而把代表抗拒爱情的铅箭射向神女达芙妮。结果,一场爱情悲剧开始了。阿波罗爱上了达芙妮,而达芙妮看到阿波罗就向见到魔鬼一样。最后,为了避开阿波罗,达芙妮变成了一棵月桂树。虽然达芙妮已经变成了月桂树,但是阿波罗依然爱着她。为了纪念达芙妮,阿波罗就用月桂枝来装饰自己的弓和竖琴。

轶闻趣事

据说阿波罗也是个多情的神,与许多美女都有故事。阿波罗曾经爱上了一个凡间少女,但是少女坚决不同意,并且嫁给了一个凡间男子。尽管与阿波罗恋爱会得到永生,但少女说:"我是凡人,需要凡人的忧伤。"

被爱情之箭射中的阿波罗已经深深地爱上了达芙妮,立刻对她表示爱慕。吓得达芙妮拔腿就跑,阿波罗在后面苦苦追赶。

智慧女神雅典娜

雅典娜是众神之父宙斯与墨提斯的女儿。在远古的神话中，雅典娜是一位女天神，乌云和雷电的主宰者，丰产女神，和平劳动的庇护者、女战神。她又是科学的庇护者、智慧女神；她赐予人间法律，维护社会秩序。

雅典娜头上戴的是一顶金盔，有两只犄角，四行盔羽，雕饰百城的战士。平时便衣会着一件刺绣彩袍，穿上盔甲时就会换下。

智慧女神

雅典娜是智慧的象征。传说她是宙斯与聪慧女神墨提斯的女儿。在雅典娜出生前，有预言说她将会推翻宙斯。于是，在雅典娜出生后，宙斯骗过妻子，然后将她整个吞入腹中。从此，宙斯得了严重的头痛症，包括药神都无计可施。宙斯只得要求火神斐斯托斯打开他的头颅。火神那样做了。令奥林匹斯山诸神惊讶的是：一位体态婀娜、披坚执锐的女神，从裂开的头颅中走了出来，光彩照人，仪态万方。

雅典娜与缪斯女神 ▷

名字来源

据说帕拉斯·雅典娜的名字由来还与一个故事有关。雅典娜小时候有一个玩伴，名叫帕拉斯。她们二人关系非常好，形影不离的。有一天，她们玩打仗比武的游戏，当帕拉斯拿着长矛向雅典娜刺过来时，宙斯看到了这个场景，害怕女儿受伤，就用羊皮盾把女儿保护起来。帕拉斯一时呆住了，而这时雅典娜认为机会来

了，便绕过盾牌将长矛刺向帕拉斯，结果她的朋友倒地而亡。雅典娜悲哀不已，为纪念朋友，就在自己名字前加上帕拉斯。

雅典守护神

雅典娜成为雅典的守护神，与波塞冬之间的争斗有关。当雅典首次由一个腓尼基人建成时，波塞冬与雅典娜争夺为之命名的荣耀。最后达成协议：能为人类提供最有用东西的人将成为该城的守护神。波塞冬用他的三叉戟敲打地面，变出了一匹战马；雅典娜则变出了一棵橄榄树——和平与富裕的象征。因为战马代表战争与悲伤，所以雅典就以女神的名字命名。女神很快将该城纳入她的保护之中。

▲ 雅典娜

心灵手巧

雅典娜心灵手巧，是工艺之神。有个叫阿瑞克妮的少女，却不服气她，向她发出挑战。女神先是装扮成一位农妇，劝告阿瑞克妮应谦虚一些，但不见效，于是女神卸去伪装，接受挑战。两位女子立刻着手创作各自的作品。她们两位都十分看重这场比赛，对于比赛作品也是精心准备。后来，她们拿出自己的编织品，经过对比，还是雅典娜的作品更出众。于是安瑞克妮便用一根丝线自缢。但在咽气之前，女神将她变成了一只蜘蛛，让她永远编织。

轶闻趣事

《帕特农神庙的雅典娜神像》，由古希腊艺术全盛时期，杰出的雕刻家狄亚斯于约公元前 438 年创作。据说雕像高达 12 米，用木料做胎，用黄金和象牙做表面装饰，极其奢华。不过，神像已经在拜占庭帝国时期被损坏，现在为大理石复制品，高 105 厘米。

▲ 雅典娜神庙

古 罗马神话人物

古希腊神话和古罗马神话是欧洲两大神话,构成绚丽多彩的古代欧洲文化,在历史上产生了重大影响。古罗马神话,一部分是由本地产生的,还有一部分是引入的。那么,就让我们一起认识一下这些神话中的人物吧。

爱神丘比特→

多情朱庇特

传说,古希腊神话中的宙斯,在罗马神话中被称为朱庇特,掌管天界。朱庇特十分多情,不仅先后有七个妻子,同时,还与众多美女,如安提俄珀、海伦、伊奥等有私情。据说伊奥是天后朱诺的首席女祭司,由于朱庇特爱上了伊奥,天后出于嫉妒曾把她变成了小母牛,交给百眼巨人监视。朱庇特派赫尔墨斯杀死了百眼巨人,朱诺又派大牛虻追逐伊奥,使她无处藏身。最后,她逃到了埃及,才得以摆脱。在那里,朱庇特使她恢复了人形,并背着朱诺化做云雾,与她幽会。

朱庇特与忒提斯

门神亚努斯

亚努斯是罗马神话中的门神。据说,他有两副面孔:一个在前,看着过去;一个在脑后,看着未来。他是天宫的守门人,每天早晨把天空的大门打开,让阳光普照大地;黄昏时就把门关上,黑夜也随之降临。亚努斯也是掌管开始与终结的神,罗马人往往会在结婚、出生等场合祭祀这位神祇。古罗马人也会在每年头

亚努斯的雕像常有向着相反方向的两副面孔(意为一副向着过去,一副向着未来),一只手拿开门的钥匙,一只手持警卫的长杖。

一天和每天清晨向他祈祷，祈求顺利平安。在古罗马的钱币上，常刻着他的形象，他一只手拿着开门的钥匙，另一只手拿着警卫用的长杖。

爱神丘比特

丘比特一直被誉为爱情的象征。相传，他是美神维纳斯的儿子，他有头非常美丽的金发，雪白娇嫩的脸蛋，还有一对可以自由自在飞翔的翅膀。他有一张金弓、一支金箭和一支铅箭。如果被他的金箭射中，便会产生爱情，即使是冤家也会成佳偶，而且爱情甜蜜、快乐；相反，被他的铅箭射中，便会拒绝爱情，就是佳偶也会变成冤家。恋爱夹杂尘埃和痛苦。据说丘比特射箭时，眼睛有时蒙起来，因此人们把爱情说是缘分。

传说丘比特是一个顽皮的、身上长着翅膀的小神，他的箭一旦射在青年男女的身上，便会使他们深深相爱。

黎明女神欧若拉

欧若拉被奉为曙光女神，掌管北极光，代表旭日东升前的黎明。神话中说她的眼泪是露水，当她悲伤时，一边飞上天空，一边掉泪，眼泪落下就变成了早晨的露珠。据说欧若拉曾爱上了一个凡间男子，于是他请求哥哥朱庇特赐予这个男子法力，让他永远都不会死，这样他们就可以长相厮守！可是，她却忘了要求赐予丈夫容颜不老的条件。后来，她的丈夫痛苦不已，每日呻吟，于是欧若拉就把丈夫变成一只蚱蜢，免受痛苦。据说这也就是蚱蜢一直鸣叫的原因。

轶闻趣事

古罗马帝国曾经征战欧洲，并将希腊各城邦征服，同时吸收其灿烂的文化，并将其传向世界。天上诸星座原来都是以希腊神话人物和诸神命名的，但现在我们通常使用的都是罗马名。

欧若拉是一位美丽的女神，每天早晨时分飞向天空，向大地宣布黎明的来临。据说她排行第三，哥哥是太阳神希腊欧斯，姐姐是月神席琳。她有时候也被指为极光，不过大多数时间她还是被称为黎明女神，因为欧若拉的希腊文就是黑夜转为白天的那第一道光芒！

特洛伊之战

特洛伊战争,是以争夺世上最漂亮的女人海伦为由,导致以阿伽门农及阿喀琉斯为首的希腊军进攻,以帕里斯及赫克托尔为首的特洛伊城的十年守城战。传说此战长达十年,不仅有宙斯、雅典娜等天神参与,还出现了阿喀琉斯等英雄。

海伦惊人的美貌下,总是笼罩着一丝不祥的云雾。

金苹果之争

一切都要从金苹果之争说起。人类英雄帕琉斯和海洋女神忒提斯结婚,没有邀请不和女神厄里斯。厄里斯怀恨在心,在婚礼上将一个金苹果呈现给宾客,上面写着:"送给最美丽的女神"。为了这个苹果,阿芙罗狄忒、雅典娜和赫拉吵了起来。她们让神王宙斯来评判她们三人中谁更漂亮。宙斯让阿波罗来评判,结果,为难的阿波罗把这个任务交给特洛伊的小王子帕里斯。她们三人来到帕里斯面前,赫拉向他许诺至高无上的权力,雅典娜赐予他无穷的力量,而阿芙罗狄忒许诺送给他美好的爱情。那么,帕里斯会选择哪一个?

战争导火索

帕里斯觉得,权力等他继承父亲王位后就可以得到,英雄的道路凭自己去闯荡,但爱情不是每天可以遇到,并且他觉得阿芙罗狄忒最美,于是就把金苹果给了阿芙罗狄忒。此时,恼羞成怒的赫拉和雅典娜发誓,要向所有的特洛伊人报复。阿芙罗狄忒为遵守承诺,帮助帕里斯来到斯巴达,拐

帕里斯鼓起勇气,大胆地抬起头,用目光审视面前三位同样漂亮非凡的女神。最后他认定爱情女神阿芙罗狄忒最美。

特洛伊之战。画面描绘的是希腊联军与特洛伊的战船在特洛伊城外激烈的战斗场面。

走斯巴达王后，天下第一美女海伦。这一事件成为特洛伊战争的导火索，一场长达10年的特洛伊战争就此拉开帷幕。

跨海作战

斯巴达只是古希腊众多小王国之一，阿伽门农知道自己势单力薄，于是广发英雄帖，召集大家，跨海作战。希腊人远征特洛伊城，双方打了数个回合。战争终于变成持久战了，不觉9年过去，第10年终于发生戏剧性的变化。勇将阿喀琉斯愤恨统帅阿伽门农，不肯出战，后因其好友战死，于是奋起出战。

木马屠城

战争后期，奥德修斯想了一条妙计。他让木工制作一匹大木马，内藏精兵强将，希腊人假装撤退，把大木马留在特洛伊城外。特洛伊人以为希腊人退兵，欣喜万分，将木马当做战利品拖到城内。深夜，木马里的希腊人不失时机地爬了出来，将城门打开，埋伏在城外的希腊人闯进城中，一举夺下城池，并将繁华的特洛伊城化为灰烬。相传，这个木马计正是雅典娜献上的，而战争中各个重要人物的出场则是赫拉及宙斯安排的。

轶闻趣事

阿喀琉斯是参加特洛伊战争的唯一的半人半神。据说他出生后，母亲忒提斯倒提一只脚把他浸入冥河，使他周身刀箭不入，唯有脚后跟由于没有浸到河水，而成为他的致命之处。这也就是"阿喀琉斯之踵"的来历。

特洛伊木马一词在西方后来成了"为毁灭敌人而送的礼物"的同义语。千万个特洛伊人成群结队地涌到海边，欢呼着将装满希腊士兵的木马拉进特洛伊城。

奥 德修斯

在史诗《奥德赛》中,讲述了希腊英雄,奥德修斯在特洛伊之战结束后,返回家乡途中十年漂泊的故事。在回家途中,他遭受各种磨难,遭遇各种危险,但都坚强地与困难抗争,最后安全回到家中,与妻儿团聚。

奥德修斯

得罪波塞冬

希腊联军围攻特洛伊 10 年期间,奥德修斯英勇善战,足智多谋,屡建奇功。他献木马计里应外合攻破特洛伊。在率领同伴从特洛伊回国途中,他的同伴被独目巨人吞噬。力量无穷的独目巨人是海神波塞冬的儿子,是海岛上孤独而暴戾的牧羊人。独目巨人的行为刺痛了奥德修斯,于是"神一般多智"的奥德修斯用计谋骗过独目巨人,并刺瞎其唯一的眼睛。至此,海神波塞冬的心中种下仇恨的种子,他发誓要让奥德修斯付出代价。

海上遭遇

当奥德修斯的船只漂泊到海上时,波塞冬的机会来了。他首先派魔女基尔克与奥德修斯作战,奥德修斯凭借国人的智慧和神奇的力量战胜了基尔克。这招不行,于是波塞冬又派海妖赛伍,让她用美妙的歌声引诱奥德修斯,可是奥德修斯不为所动,只是坚定地向前航行。恼羞成怒的波塞冬就在海上卷起一阵狂风,想要奥德修斯溺水而亡。结果奥德修斯靠一块船板,漂流到俄奇吉亚岛,开始长达七年的海岛生活。

喀耳刻向奥德修斯敬酒

轶闻趣事

特洛伊之战的种种传说首先出现在《荷马史诗》中，荷马史诗是由古希腊盲诗人荷马创作的，包括两部史诗《伊利亚特》和《奥德赛》，全书共24卷，详细记载了特洛伊之战的前因后果和奥德修斯返回家乡的惊险之旅。

滞留海岛

俄奇吉亚岛是一座孤岛，岛上怪石嶙峋，满是参天大树。岛上住着一位女仙叫卡吕普索，相传她是斯坦巨人阿特拉斯的女儿。卡吕普索看到英俊威武的奥德修斯就被吸引住了，于是将其抢入山洞，并愿意嫁给他。女仙保证让他与天地同寿，而且永葆青春。但奥德修斯仍然忠于妻子珀涅罗珀。奥德修斯的忠贞感动了奥林匹斯山的神仙，于是她们派雅典娜告诉女仙，放奥德修斯回家。

夺回宝座

奥德修斯在海岛上滞留了7年，最终逃了出来。他到了菲埃克斯人的国土，向国王阿尔基诺斯重述了过去9年间的海上历险，阿尔基诺斯派船送他回故乡。但是从特洛伊之战到现在，已经过去了二十年，许多事情都变了。家乡人以为他死了，一些贵族经常在他的宫廷里饮酒作乐，挥霍他的财产，甚至向他的妻子求婚，逼迫珀涅罗珀改嫁。奥德修斯知道这些情况后，假装成乞丐，进入王宫，考验妻子的忠贞，并和儿子杀掉所有奸臣，重整朝廷，夺回王位，与妻儿再次团聚。

奥德修斯与海之女神卡吕普索

因陀罗的传说

卡纳塔克邦流行的民间艺术中因陀罗形象

在印度神话中，因陀罗是位神秘的天神，他神通广大，不仅能主宰雷雨，变化身形，为人间祛除水怪，还是佛祖的护法使者，居住在须弥山中央，讨论人间善恶。此外，他还有人的一面，尤其与人间女子人神相恋给他更增添了一丝神秘色彩。

大神因陀罗

因陀罗是印度神话中的天神之王，雷雨之神，地位显赫。在大梵天、毗湿奴等神话未出现前，他一直是印度最大的天神。他的肤色黄里透红，嗜喝苏摩酒。他还能随意变形，成群的风神是他作战的助手。曾杀死围困住水的巨龙弗莱多，捣毁他的99座城堡，解放了水，因此有"破坏城堡者"的美称，是英雄或战士的守护神。他在汉译佛经中被翻译为"帝释天"，是天地的道德维护者。如果天神违反天规，他便予以惩罚；要是人间出现暴君，他也会去除暴安良。

护法之神

在佛教神话中，因陀罗与梵天一样，同为佛教的护法主神。相传，他居住在须弥山上的中央城——善见城。其左右各有十大天子侍卫。他曾率领天神，以牛头旃檀树为佛陀及诸罗汉建造重阁讲堂，并奉献床榻卧具和各种饮食，供养佛陀及弟子。他常常和诸天神在他的居所须弥山善见城相聚，商讨天

因陀罗在缅甸的雕像

下善恶诸事。因陀罗以人间百日为一日，寿命为1000岁，即人间10万岁。

节日传说

在印度有一个因陀罗节，其产生当然与他有直接关系。传说9月的一天，因陀罗从人间谷子地里的花园里偷了生花。但是没有人认得他，结果他就被当做普通小贼囚禁起来。母亲听说此事后，心急如焚，赶紧从天国下来，向人们吐露儿子及自己的身份。她承诺了两件事情：带着那些去年死去的亡魂回到天国；尽施露水和朝阳，好加速秋冬雨季农作物的成熟。于是当地人们就定了这个节日，向因陀罗母子祈求丰收，并纪念这一年死去的亡者。

天神因陀罗与美女阿诃厘耶的故事是印度神话中最著名的人神相爱的故事之一

人神相爱

吠陀时代，因陀罗是至高无上的天帝，但到了史诗时代，他逐渐走下神坛。尤其是他与美女阿诃厘耶人神相爱故事更能引起人的好奇。据说创造万物的大梵天在创造人类时，为了区别人类，就创造了一个完美无缺的女性阿诃厘耶。万神之王因陀罗在阿诃厘耶一被创造出来就深深地爱上了她，但大梵天却将她许配给干瘪的老仙人乔达摩做了妻子。她经常思念因陀罗，尤其喜欢听人们在祭祀中咏唱对他的颂歌，她也时常真诚地为因陀罗献上自己的贡品。因陀罗也思念她，于是二人经常在乔达摩外出时偷偷私会，以解相思之苦。

轶闻趣事

在艺术作品中，因陀罗的形象通常呈天人形，坐在巨象上，面目正面有千双眼睛。他头戴宝冠，身上装饰着各种首饰、璎珞，且手持金刚杵；弓箭、战车、钩或罗网常常作为他的武器。在我国的一些寺庙的图画或者雕像中，他常是男身女相。

因陀罗在佛教古籍汉译为"帝释天"，意思为"最胜、最优秀、最优越、征服"。

大 梵天的传说

梵天俗称四面佛，又叫有求必应佛，是印度教的创造之神，与毗湿奴、湿婆并称三大天神。在现世的形象中，他常常是四颗头颅，四张脸和四只手臂，其手中握有权杖、水壶、念珠以及莲花等物，每种物品都象征着他的创世能力。

大梵天是印度神话中世界万物的创造者

创世天神

大梵天是印度神话中世界万物的创造者。其地位如盘古开天辟地一样重要。据印度史诗《摩诃婆罗多》记载，在创世前，世界为混沌一片，而宇宙就孕育在漂流于混沌的梵卵中。梵天是梵卵中的金胎，漂流一年后，用意念的力量把卵撑开为两半，一为天，一为地。随后天地间出现气体空间，然后是构成世界的水、火、土等；众神、星辰、高山、流水以及人和人复杂的情感等。最后梵天自身也一分为二，一半为女，一半为男。他还创造了一切生物和妖魔。一切秩序都受梵天的控制。

四张脸的梵天塑像(四面佛)

现世形象

大梵天和因陀罗都为佛祖的护法。梵天的传统形象是四颗头、四张脸以及四只手臂，口中不断地诵读《吠陀经》。特别在北印度，他常常有着一缕白胡须，代表他几近永恒的存在。梵天手中没有任何武器，但他的一只手握有一支汤匙型的权杖，代表着将神圣的奶油滴入自我牺牲的火柴堆，这意味着梵天是自我牺牲的神明。他的一只手拿着一个水壶(有时是装着水的椰子壳)，壶中的水代表万物初始，涵盖一切。梵天也拿着一串念珠，是他计算宇宙时间流逝的计时器。此外他也拿着《吠陀经》或莲花。

毗湿奴和吉祥天女坐卧在巨蛇舍沙的身上,而从毗湿奴肚脐生长出来的莲花则诞生了梵天。

四颗头颅

传说梵天原来有五颗头颅。有一次,梵天跟毗湿奴说,自己是宇宙的创造者,整个宇宙众生乃至毗湿奴都要崇拜他。这话被主宰宇宙的湿婆听见了,他勃然大怒。于是湿婆化身为恐怖之神——派拉瓦砍掉了梵天的一颗头。由于砍掉梵天头后,湿婆的化身"派拉瓦"犯了杀梵罪,因此梵天被砍的头不能离开派拉瓦的手,直到杀梵罪被清除为止。这也是某些湿婆的塑像中,手中骷髅头的来由。

大梵天为"四面佛",人称"有求必应"佛,该佛有四尊佛面,分别代表爱情、事业、健康与财运,掌管人间的一切事务,是泰国香火最旺的佛像之一。

有求必应

大梵天神是个仁慈无比有求必应的神灵。只要开口向他许愿,无论是人还是神、魔,他都会帮助实现愿望。例如,被一些人尊为宇宙主宰的湿婆曾经向大梵天请求,寻找格涅沙的头颅,大梵天告诉湿婆,在他寻找的路上,遇到第一个且头朝北的生物,就把它的头拿来,代替格涅沙的头。湿婆便派遣天将四处寻找,最后发现一头,头朝北方的垂死大象,于是,等大象死后,就取下象头装到男孩身上,格涅沙便由此复活成为象头神,并且成为天将的头目。

毁
灭之神湿婆

湿婆也是印度三相神之一，其兼具生殖与毁灭，创造与破坏双重性格，呈现各种奇谲怪诞的不同相貌。据说他游走在险峻荒凉的喜马拉雅山上修炼苦行，从而得到深奥的知识和神奇的力量，通常他以舞蹈的形式实现宇宙的毁灭与再生。

双重性格

湿婆又叫鲁陀罗，意即愤怒，因为他是梵天愤怒的产物。他性格凶狠孤独，一个人居住在险峻而荒凉的喜马拉雅山上。经常腰系兽皮，手拿黑色弓箭，谁见到都要被他身上透出的威严和毁灭性力量吓得不寒而栗。他的黑色弓箭，发射出去，传播的是可怕的疾病和死亡，一切生灵都要为之颤抖。但是，在他可怕的外表后面，却隐藏着一颗怜悯之心，谁要是真心向他求饶，他都慈悲为怀给予宽恕。

湿婆有"吉祥"的意味，在梨俱吠陀经中是暴风雨之神鲁陀罗的别称。一方面他是以豪雨，雷等破坏的神，另一面他是治疗疾病与瘟疫的医神。

愤怒湿婆

湿婆的妻子是印度的公主萨满，萨满因为不满父亲达刹在祭祀大会上对湿婆的侮辱而投火自尽。湿婆见爱妻自杀，愤怒至极，带上弓箭来到祭祀大会上，将利箭射向祭品。祭品立刻变成一只羚羊飞向天空，成了猎户星座的一部分。今天我们还能看到这个星座——前面是带箭的羚羊头，后面是追赶的猎人。据说萨满死后转生为喜马拉雅山女神帕尔瓦蒂，但是心灰意冷的湿婆无心建立家庭，于是女神就用黏土做出一个小男孩——格涅沙。一天，湿婆

美国纽约市大都会博物馆里的湿婆像

外游回来,被男孩挡在家门外,易怒的他又砍下格涅沙的头颅,从而有了他向梵天求助的故事。

苦心修行

湿婆是苦行之神,终年在喜马拉雅山上的吉婆娑山修炼苦行,通过最严格的苦行和最彻底的沉思,获得最深奥的知识和神奇力量。在印度教造像中,他通常是苦行者打扮:遍身涂灰,发结椎髻,头戴一弯新月,颈绕一条长蛇,胸前一串骷髅,腰围一张虎皮,四手分持三叉戟、斧头、手鼓、棍棒或母鹿。他额上长着第三只眼睛,可以喷射神火把一切烧成灰烬。传说爱神迦摩在湿婆苦行时打扰过他,湿婆第三只眼喷射的神火把爱神烧得形销骨灭,但爱神并没有死,只不过没有了形体,所以说爱是无形的。

舞蹈之神

湿婆被誉为舞蹈之神,在欢乐和悲伤时他都喜欢跳舞,创造了刚柔相济的两种舞蹈。舞蹈象征着湿婆的荣耀和宇宙的永恒运动,运动是为了宇宙的不朽。跳舞时,他的头发随着舞蹈而纷乱地飘散开来,随着他右侧手上所持沙漏装小鼓的节奏而飘荡。这种节奏是宇宙的心跳声,这是创造之舞。在每一时代结束时,他通过跳坦达瓦舞完成宇宙的毁灭,并且使之再生。

毗湿奴(左半蓝)和湿婆(右半白)

轶闻趣事

三相神是印度神话中的三位主神,即梵天、毗湿奴和湿婆。他们分别代表天帝的各种宇宙功能:毗湿奴象征护持,湿婆象征毁灭,而梵天则是这两种相对立的准则的平衡者。

在印度教造像中,湿婆通常是瑜伽苦行者打扮。

在班加罗尔的巨大神像雕塑湿婆冥想的神韵

猴王哈奴曼

哈奴曼是印度史诗《罗摩衍那》中塑造的神猴，拥有四张脸和八只手。在诗中他与罗刹恶魔罗波那大战，发挥自己的聪明才智解救阿逾陀国王子罗摩之妻悉多。后来，经过人们的想象创造，他成为一个神通广大，无所不能的神。

哈奴曼聪明非凡，能变幻形象，曾多次救助罗摩王子，是智慧和力量的化身。

神猴诞生

哈奴曼是风神伐由和母猴安阇那之子。据说，哈奴曼刚出生时，见到太阳，以为可食，便一把抓到手中。为了使太阳免遭不测，因陀罗便急忙以雷霆击哈奴曼之颚。哈奴曼因而又被称为"其颚被击者"。传说中的哈奴曼能在空中腾云驾雾，它面如红宝石，毛色金黄，身躯高大，尾巴奇长，吼声如雷，力大无比，能使其面容和身躯随意变化，并且能移山倒海。它善恶分明，除妖灭怪，神通广大。

给哈奴曼穿衣服

罗摩率猴兵与魔王罗波那的魔兵交战的情景

在印度有一种像哈奴曼塑像涂朱砂的仪式，即"给哈奴曼穿衣服"。这个仪式的背后还有一个有趣的故事。传说在一个星期二的早上，哈奴曼觉得饿了，就找罗摩妻子悉多要吃的东西。他看见悉多头发分缝处涂有红颜色，便问其原因。悉多告诉他说，假如一个女人想要丈夫健康长寿，就一生会涂红颜色。哈奴曼想，那我要是把全身都涂上朱砂不就能让我师傅罗摩永生不老了吗？于是他把自己全身都涂成了红色，去见罗摩。为表达谢意，罗摩宣布，凡向哈奴曼提供朱砂和油，他将保佑那些人实现愿望。

解救悉多

在《罗摩衍那》中，罗摩是大神毗湿奴化身。罗摩之妻悉多非常美丽，被楞

楞伽岛十首魔王罗波那劫走悉多，罗摩与猴国结盟，在神猴哈奴曼及猴群相助下，终于战胜魔王，救回悉多。

伽城十头魔王罗波那用计劫走。罗摩在寻妻途中助猴王须羯哩婆夺得王位。猴王派手下大将哈奴曼，随罗摩去寻妻。哈奴曼勇敢机敏，曾经变成一只猫，潜入楞伽城，到处探视。他看到了悉多的坚贞不屈，并趁机将罗摩的表交给她。最后哈奴曼大闹楞伽城，火烧楞伽宫，盗取仙草，最终帮助罗摩征服了强敌，救出悉多。

哈奴曼与孙悟空

美猴王孙悟空在我国也是家喻户晓的神猴，他会七十二变，大闹天宫，练就火眼金睛，潜入龙宫，盗取金箍棒。后来被如来压在五指山下，受菩萨点化，陪伴唐僧西天取经，一路上降妖除魔，大显神通，成为无所不能的英雄，备受欢迎。由于孙悟空出现在几百年前的明朝人笔下，而哈奴曼在几千年前已经出世，于是有人说孙悟空起源于印度神猴，也有人说孙悟空的原型是大禹治水时降服的淮涡水神无支祁。其实不管是哪种，都表现了人们对于英雄的渴望，对正义和能力的期望和敬佩。

轶闻趣事

《罗摩衍那》被称为印度文学上最初的诗，全诗分7篇，共2.4万对对句，主要描写英雄罗摩和他妻子悉多一生的故事，它歌颂了战胜困难的勇气，讴歌了伟大的爱情。罗摩衍那意思为罗摩的历险经历。

罗摩和悉多结束流放、重回宫廷后，向神猴哈奴曼致谢。

雷神奥丁

奥丁是北欧阿斯神族的众神之王，也是战神、权力之神等。他曾以一人之力冒险闯入冥界，为人类取得古文字，从而拥有大量知识，并为此失去一只眼睛。奥丁无所不知，无所不能，他借助乌鸦、狼狗等动物，知晓世事，惩奸除恶。

奥丁是北欧神话众神之王，世界的统治者，又有"无父"之称。

独眼天神

北欧神话中有一位神，为了取得超群的智慧，千方百计地去寻找智慧泉水。他好不容易找到这神奇的泉水，向守护泉水的老人密密尔讨一勺水喝。老人却一定要他献出一只眼睛作为代价，他毫不犹豫地挖出自己的一只眼睛给了老人。喝下泉水，他就变得聪明无比，博学多才，从而发明了北欧文字，人类也就获得了知识。这位天神就是"众神之王"奥丁。

众神之神

奥丁平时坐在宝座上，一眼就能看到天上人间的众神、巨人以及人类的一举一动。奥丁的肩头站着两只大乌鸦，一只代表思想，一只代表记忆。这两只大乌鸦是奥丁的秘密侦探，每天飞到人间探听消息。在他脚下，蹲着两条狼狗，谁遇见了都会得到好运。奥丁自己也常到人间去。如果哪里有战争，他就戴上鹰盔，骑上八条腿的灰色宝马出战。奥丁是智慧与胜利之神，众神都是他的子女、部下，所以战无不胜。他有无敌的长矛，还有一张神弓，一下能射死

奥丁是阿萨神族的主神，传说为五十岁左右，身材高大，失去一目，头戴宽边帽，冰冷又严肃。

十个敌人。他还有刀枪不入的法术,常常传授给他喜爱的人。

智者奥丁

奥丁无所不知,无所不能。他有二百多个名字,每个名字代表一种本事。如因为他会刮风,就叫他"胡腾"。奥丁也是北欧文学的创造者。他把自己高高挂在生命树的巨枝上,苦心思索了九日九夜,终于发明了文学,并刻在矛上、马牙上、熊爪上和别的东西上。他还冒着危险从巨人那边取得诗仙蜜酒,使尝过的人都可以变成诗人。奥丁大公无私,他把自己所得的宝物和创造的东西都赐予人类,开化民智。

独眼的奥丁,双手持有武器,肩上分别站着代表"思想"和"记忆"的乌鸦 Hugin 和 Munin。这幅来自冰岛的图画绘于 18 世纪。

战争之神

奥丁还是一位战神,他带领阿斯神族与他们的宿敌巨人族进行长期抗战。奥丁作为智者,能够预知未来,在与巨人族战争中,他预测到阿斯神族很快灭亡,可他没有告诉其他神,因为这既是众神不能逃避的命运,同时他还要坚定地与敌人战斗到底,想要同命运抗争。因此,享有战神的美称。他有一座用黄金白银建成的宫殿,这里是他收容阵亡壮士的地方。他派出许多仙女去战场上领回奋勇战死的壮士。众仙女在天上乘车飞驰,盔甲闪闪发光,就成了美丽的"北极光"。

轶闻趣事

在北欧神话中有两大神族,阿斯神族和华纳神族,其中阿斯神族为主要神族。它代表着世界秩序神格化的存在,由许多不同特质的神明所组成。奥丁、威利、菲等造物者皆属于阿斯神族。

奥丁本身也喜欢伪装成人类的形体,漫游在尘世间。

创世纪传说

世界究竟从何而来？在我国神话中，盘古开天辟地，创造万物，而在古埃及神话中，神拉创造了万物，可是在印度教经典著作中，世界则是大梵天神开辟的！那么你知道在西方，基督教义中，又是谁开启了这浩瀚无穷的宇宙大门？

创造了动物之后，上帝根据自己的形貌用泥土做成了亚当和夏娃，并赋予他们生命。

创世之初

据《圣经》的第一部分《旧约·创世纪》中记载，宇宙天地尚未形成之前，整个世界为混沌一团，黑暗笼罩着漫无边际的空虚混沌。然而在这团黑暗中，上帝的魂灵正孕育其中。他看到这个世界漆黑一团，极不舒服，于是运用自己巨大的神力，施展造化才能，使世界确立，万物齐备。他仅仅用七天的时间，就轻松地完成创世过程。在书中，上帝被描写成一个无所不知，无所不能的神灵。

划分天地

上帝创造动物

上帝用四天的时间就将天、地划分好，并且规定了它们的运行时间和作用。第一日，上帝说："要有光！"便有了光。他将光与暗分开，称光为昼，暗为夜，出现了晚上和早晨。第二日，上帝说："诸水之间要有空气隔开。"上帝便造了空气，称它为天。第三日，上帝说："普天之下的水要聚在一处，使

旱地露出来。"于是,水和旱地分开,旱地为大陆,众水聚积之处为海洋。第四日,上帝说:"天上要有光体,分管昼夜,做记号,定节令、日子和年岁,并发光普照全地。"于是上帝创造太阳和月亮,同时又创造无数星斗,把它们嵌列在天幕之中。

创造生物

上帝创造了天、地、水,但却没有生物。于是在第五日,他创造了大鱼、鸟类和各种水中的生命,并使它们滋生繁衍,普及江海湖汊、平原空谷。第六日,上帝说:"地要生出活物来;牲畜、昆虫、野兽各从其类。"上帝看到自己的作品非常高兴,就赐福给他们,并按照自己形象,创造了一男一女两个人。他认为自己是最聪明的,那些他创造的人也应该很聪明,是万物的灵长,于是他就叫人管理这些生物。

星期日的来历

上帝划分了天地,创造了生物,又造出了万物的灵长人类。到了第七天,当他看到天地万物,芸芸众生都按照他的意愿很有秩序地生活着,上帝满意了,它觉得万物齐备了,世界也不再缺什么了,他的创世责任也完成了。于是他赐福给第七天,并将其定位圣日,因为在这一天完成了创造,可以停工休息。就这样星期日也成为人类休息的日子。后来基督教和犹太教徒会在这一天读圣经,做礼拜,它又被称为礼拜天。

轶闻趣事

《创世纪》是旧约圣经最初的五部经典著作之一,相传由摩西编写。这部书中,描述关于上帝创造世界和人类起源与遭遇的故事,旨在说明以色列民族的历史是在上帝的旨意下开展的,以色列人应该世代铭记上帝的恩惠,侍奉上帝。

伊甸园的传说

在西方神话中,亚当与夏娃是人类始祖。上帝造了男人亚当后,从他的肋骨中取出一根,造了女人夏娃,然后让他们无忧无虑地生活在伊甸园。但是,夏娃受到蛇的诱惑,与亚当偷食禁果,最终他们受到上帝惩戒,被逐出伊甸园。

亚当与夏娃↑

史前人类的状态常被抒情诗人描绘为"伊甸园"或者被道学家斥为"堕落的原始人"。

亚当与夏娃

上帝创造了天地,但总觉得世界空空的,没有生命的气息。于是上帝就用泥土造了一个人,给他取名亚当。世界上只有亚当一个,整日孤独地生活着,上帝就决定再给她造一个配偶。在亚当熟睡之际,上帝取下他的一根肋骨,用这根肋骨造了一个女人,名叫夏娃。当上帝把夏娃领到亚当跟前时,亚当立刻意识到这个女人与自己有生命的联系,他心中充满快慰和满意,脱口便说"这是我的骨中骨,肉中肉啊"。这也就是人们常说女人是男人一根肋骨的缘由。

伊甸园生活

上帝在东方的伊甸园为亚当和夏娃造了一个乐园,那里地上撒满金子、珍珠、红玛瑙,各种树木从地里长出来,开满各种奇花异卉,非常好看。园内还有各种果子,但是除了生命树和智慧树上的果子其余都可以食用。亚当和夏娃赤裸着绝美的形体,品尝着甘美的果实。他们

上帝用亚当的一根肋骨造了夏娃，并且叫她"女人"。

或款款散步，或悠然躺卧，信口给各种各样的动植物取名：地上的走兽、天空的飞鸟、园中的嘉树、田野的鲜花。他们就这样在伊甸乐园中幸福地生活着，履行着上帝分配的工作。

偷食禁果

伊甸园里生活的动物中，蛇最狡猾恶毒。有一天，它问夏娃："园里的果子都能吃吗？"夏娃说："除了智慧树和生命树上的果子，其他的都能吃。但智慧树上的果子，我们吃了便会死。""才不会哩。"蛇说，"如果你们吃智慧树上的果子，眼睛就明亮了，就会发现善恶有别，这样就跟上帝是一样聪明的。"夏娃带着渴求看着那棵树，被那水灵灵的果子诱惑得受不了，于是摘下吃了，并劝亚当也吃了树上果子。偷食禁果的亚当夏娃从此明白了男女有别，也有了羞耻之心。

亚当和夏娃无法抵挡蛇的诱惑，偷食了智慧树上的果子。

上帝惩戒

上帝最终还是知道了他们偷食禁果的事情，于是对蛇下了诅咒，让它用肚子行走，终身吃土，并与人为敌。上帝还把他们赶出伊甸园，并对女人说："我必增加你怀胎、分娩的苦楚，你生产儿女必多受苦；你必恋慕你丈夫，你丈夫必管辖你。"又对亚当说："你既听从妻子的话，吃了那树上的果子，你必终身劳苦，才能从地里获得吃的。地必给你长出荆棘和蒺藜来，你也要吃田间的菜蔬。你必汗流满面才得糊口，直到你归了土。"

诺亚方舟

据《圣经》里的记载，因为有了诺亚方舟，人类和各种动物才得以逃脱上帝愤怒的惩罚，世界的生命才得以延续。那么什么是诺亚方舟，它是如何建成的？现在诺亚方舟又在何方？它的身上又存在哪些迷人的故事？

诺亚方舟是一艘根据上帝的指示而建造的大船

愤怒的上帝

亚当和夏娃被逐出伊甸园后，他们活了好长时间，亚当与夏娃生育子女无数。他们的后代子孙传宗接代，越来越多，逐渐遍布整个大地。人类多了起来，便有了矛盾，争斗就多了，甚至出现了自相残杀的的境况。上帝知道了这一切，对人类犯下的罪孽心里十分忧伤，非常后悔造了人类。上帝说："我要掀起巨大的洪水，将所造的人和走兽、昆虫以及空中的飞鸟都从地上灭绝。我要创造新一代的人和动物，让他们听话，悔过自新，建立一个理想的世界。"

诺亚按照上帝的指示建造方舟

诺亚建方舟

上帝本打算把所有的生物都毁灭，但又不忍心。在罪孽深重的人群中，只有诺亚在上帝眼前蒙恩。上帝认为他是一个心地善良、恪守本分的人，于是他选中诺亚和他的家属作为生命的火种保存下来。诺亚遵从上帝的命令，用歌斐木（柏木）制作了一条长125米，宽22.5米，高16米的大方舟。方舟上除了他的家人外，另可搭乘雌雄各七只的鸟、野兽等一切活的动物。这些都可以留种，将来在地上繁衍。

洪水袭来，人群慌乱，在洪水的世界里寻找生存的空间。

躲避灾难

2月17日那天，诺亚600岁生辰，海洋的泉源都裂开了，巨大的水柱从地下喷射而出；天上的窗户都敞开了，大雨日夜不停，降了整整40天。水无处可流，迅速地上涨，比最高的山巅都要高。凡是在地上靠肺呼吸的动物都死了，只留下方舟里的人和动物的种子安然无恙。方舟载着上帝的厚望，在漫无边际的汪洋上漂泊了五个月。在这期间，诺亚一直派鸽子去打探消息，当最后一只鸽子衔着绿色的橄榄枝回来后，诺亚知道洪水退了。这时，方舟停在了亚拉腊山上，诺亚一家和生命的种子开始新的生活。

迷雾重重

诺亚方舟真的停在了亚拉腊山吗？根据《圣经》记载，方舟是停在这里。人们开始了一次次寻船之旅。有科学研究表明，六千多年前，这里的确发生过一次大的洪水，可是多次登上山顶的探险家却没有任何发现。1916年，一位俄国飞行员声称，在飞过此山时，在山顶发现了一艘房子般的大船，这又引起探险家的兴趣。有人还从山上带回木板残片，但科学家分析，这块残片中释放的碳元素与诺亚方舟应该释放的碳元素不一致。此后又有人说诺亚方舟沉入了黑海！那么事实究竟如何？或许会被解密，或许一直都无法解开！

铁闻趣事

亚拉腊山是一座真实的山，它位于土耳其东端，靠近伊朗与亚美尼亚的边界处，是一座海拔5065米的死火山，山顶自古就被冰川覆盖着。最早详细记载亚拉腊山的人是13世纪意大利探险家马可·波罗。

摩西的传说

摩西是传说中公元前13世纪的犹太人的先知，旧约圣经前五本的执笔者。相传他曾带领在埃及过着奴隶生活的以色列人，到达神预备的留着奶和蜜之地——迦南。神借着他的笔写下了《十诫》给他的子民遵守，教导其子民敬拜他。

为了削弱以色列族人的力量，埃及法老下令，将希伯来人中的男婴全部杀死。

摩西出生

《圣经》中记载，由于移居到埃及的犹太人劳动勤奋，并且以擅长贸易著称，所以积攒了许多财富。这引起了执政者的不满。另外加之执政者对于以色列人的恐惧，所以法老下令杀死新出生的犹太男孩。摩西出生后，他的母亲为了保存其性命，就取了一个蒲草箱，抹上石漆和石油，将孩子放在里头，把箱子搁在河边的芦荻中。后来这个孩子被来洗澡的埃及公主发现，带回了宫中。法老的女儿收养了他，并给他取名摩西。

摩西出生

摩西在宫中长大，知道了自己身世后，不肯称公主为母亲。他宁可像其他同胞一样同受苦难，也不愿享受罪恶中的快乐。在他眼中，同胞所受的苦难

摩西被埃及公主发现并收留，成为幸存下来的以色列男婴。

第二天清晨，他便拿着这两块石版上西乃山去了。上帝自云端降下，和摩西站在一起。

远比让他失去宝贵的财富更让他痛心。后来摩西失手杀死了一名士兵，为了躲避法老王的追捕，他就逃往外地，并娶了一个祭司的女儿为妻。一日，摩西受到神的感召，回到埃及，并带领居住在埃及的犹太人，离开那里返回故乡。

归家途中

摩西和他的哥哥雅各带着那些受苦的同胞离开埃及，返回故乡。路途中，他们遇到了很多困难，有时还会遭受会众的攻击。有一次他们来到旷野，没吃的，也没有喝的，百姓向摩西争闹说："你们为何把耶和华的会众领到这旷野，使我们和牲畜都死在这里呢。你们为何逼着我们出埃及，领我们到这坏地方？"摩西和雅各俯首在地，这时耶和华显灵了，他赐予摩西神能，解决困难，并且启发他，写下十诫，立约束民。

摩西十诫

摩西和上帝耶和华交谈了40昼夜，耶和华吩咐摩西，将他们交谈的内容写下来，订约立誓，规范百姓行为。比如上帝告诉摩西，人六日要做工，第七日要歇息，虽在耕种收割的时候，也要歇息。在收割初熟麦子的时候，要守七七节；在年底，要守收藏节。不可杀人；不可奸淫；不可偷盗；不可作假见证陷害人；不可贪恋人的房屋；也不可贪恋人的妻子、仆婢、牛驴等。摩西将这些记下来，即著名的《摩西十诫》。

轶闻趣事

旧约圣经最初的五部经典则为《创世记》、《出埃及记》《利未记》、《民数记》以及《申命记》。《摩西十诫》出自《出埃及记》，描述了以色列人在摩西的带领下逃出埃及的故事。

习习蛇神的传说

羽蛇神的名字叫库库尔坎,是玛雅人心目中带来雨季,与播种、收获、五谷丰登有关的神。它主宰着辰星、发明了书籍、立法,而且给人类带来了玉米。此外,羽蛇神还代表着死亡和重生,是祭司们的保护神。

羽蛇神的形象可以在玛雅遗址处看到

图腾羽蛇

玛雅文明的古城早已消失,但是它的文明却传承下来。在发现的玛雅遗址遗物中,经常能看到玛雅"真人"所持的权杖,它的一端为精致的小人形,中间是一个已经化做蛇身的小人腿,而另一端为一个蛇头。这个蛇就是玛雅人心中的大神羽蛇。传说它统治世俗万神时,人们生活所需要的各种物产都很丰富。风调雨顺,五谷丰登,葫芦像人的手臂一样粗,各种色彩的棉花自己生长,不需要人去染色。各色各样羽毛丰满的鸟儿在天空中翱翔歌唱。黄金、白银和宝石都很丰富。在它保佑下的人们,生活富足祥和。

羽蛇神头部的造型和我们的龙非常相像,而且,羽蛇神和中国龙崇拜都与祈雨有关。

祭典羽蛇神

玛雅人对羽蛇神极为崇拜,每到春季都要举行盛大的祭献仪式。每到祭献的日子,国王都要将挑选出来的一名 14 岁的美丽少女投入这口通往"雨神宫殿"的圣井里,让她去做羽蛇神的新娘子,向它乞求风调雨顺。在献美女的同时,祭司和贵族们也把各种黄金珠宝投入圣井，以示诚意。在玛雅人突然消失得无影无踪之后，传说中的这口聚集着巨大宝藏的圣井也渐渐被荒野丛林所湮没。

愤然出走

在羽蛇神保护下的臣民，生活安定幸福。可是有一次，羽蛇神生病了，而且病得很严重，这时就来了一名医生，他走进羽蛇神的宫殿，对其说道："我特地给你带来一种灵药，您喝了它，病一定会好的！"羽蛇神接受了他的医治，刚开始，效果非常好，于是就听信医生的话，结果药吃得越多，神志越不清晰，最后只能任人摆布。原来，这位医生是黑暗之神，专门来破坏和平的。在它的驱使下，国家乱糟糟的，羽蛇神清醒后看到臣民却从不反抗，于是愤然出走，踏上一条由蛇编成的筏子，顺水漂流而去。

羽蛇金字塔

在现今留存的，最大的玛雅古城——奇岑伊扎中，有一座以羽蛇神库库尔坎命名的金字塔。在金字塔的北面两底角雕有两个蛇头。每年春分、秋分两天，太阳落山时，可以看到蛇头，投射在地上的影子，与许多个三角形连套在一起，成为一条动感很强的飞蛇。象征着在这两天羽蛇神降临和飞升。据说，当年玛雅人可以借助这种将天文学与建筑工艺精湛地融合在一起的直观景致，准确把握农时。

▼玛雅人的祭祀场面

天照大神

天照大神是日本神话中高天原的统治者与太阳神,被封为日本天皇的始祖。传说她是父亲在洗左眼时出生的,出生时,她的光辉照耀天地,父亲非常高兴,就将她命名为天照大神,并送其八块琼曲玉,掌管高天原。

天照大神出洞

寻根问祖

很久以前,宇宙刚从混沌的泥浆中固化为天地。天就叫做"高天原"。有一男一女两个神灵从高天原降到了地上。男的叫做伊弉诺尊,女的叫伊弉冉尊。他们就像伏羲和女娲一样,兄妹结婚,创造人类。他们生出了海神、河神、山神、雨神、风神、田神等各路神仙。但是,在最后出生火神的时候,伊弉冉尊被孩子的火烧死了,她的生命就这样结束了,一去不归。这就是世界上最早的生者和最早的死者。

轶闻趣事

天照大神的神话故事记载在《古事记》当中,《古事记》是日本古代官修史书。公元711年,日本天皇命令太安万侣编纂日本古代史。712年,他将凭记忆记下来的一些旧事记中的故事以及一些历代口口相传的故事写成三卷,献给天皇。

天照出生

伊弉诺尊非常思念去世的妻子,于是就奔赴"黄泉国"探望。但看见她腐烂丑陋的身体后,感到恶心与畏惧,随即逃离。愤怒的伊弉冉尊派兵追击,但被他用计甩开,最后在黄泉比良坂用大石堵住阴阳两界之路,才躲过一劫。回来路上,疲惫的伊弉诺尊停在一个小湖边休息,他脱去身上的衣物跳入河流中洗浴,于是脱掉的衣物与洗涤的部位生出二十多位天神。洗脸时,左眼生出掌管太阳的天照大神,右眼生出掌管月亮的月夜见尊,鼻孔生出素盏鸣尊。伊弉诺尊便令天照大神治理高天原,月尊治理夜之食原,素盏鸣尊治理海原。

统治高天原

天照大神与月夜见尊都接受了父亲的命令，到自己的领地。唯独素盏呜尊因思念母而泣被放逐。被放逐的素盏呜尊赴黄泉国见母前，决定先去高天原找姐姐天照大神。然而他所到之处，山川震动，万物不安，甚至连高天原上的天照大神也被惊动了，她以为素盏呜尊要侵占高天原，便全副武装准备迎战。素盏呜尊到达后，向姐姐说明来意，证明自己的清白，最后二人和好。但是，他在高天原却肆意破坏，毁坏田地，闯了很多祸，最后天照大神把他再次放逐，维护了高天原的稳定。

日月相隔

天照大神在天上时发现，地上的保食神要来天庭，令弟弟月夜见尊前去迎接。保食神来到后便转头，面对陆地的方向吐出米饭，又面向海洋的方向吐出各种鱼类，等吐出各种食物后，便存起来准备庭宴时供大家分享。见此情状，月夜见尊脸色大变，指责保食神居然拿吐出来的食物给他吃，随即拔剑杀之，然后把这件事告诉天照大神。天照大神听后很生气，大骂月夜见尊一顿后不再见面，从此日月相隔出现。

明治时代画家小林永濯笔下的伊奘诺尊(右)及伊奘冉尊(左)

天照大神也被视作太阳神，掌管天上和芦原中国的光明。

罗马诞生的传说

罗马是意大利的首都,也是政治、历史和文化中心。一直以来,所有关于罗马起源的记载,总是介乎神话传说与史实之间。至今,人神结合之子被狼哺育,长大成人后他们替母报仇,最终建立罗马的故事经久不衰。

传说罗马城的建立者罗慕路斯和列慕斯孪生兄弟是阿尔巴隆伽国王之女和战神马尔斯的后裔,他们在婴儿时期便被母亲的叔父扔进台伯河,后为牧羊人所救,食狼奶长大。因此母狼喂食孪生兄弟的形象就成了罗马的象征。

兄弟相争

俗话说:罗马不是一天建成的,而它的最初创建者被描绘成一个史诗般的英雄。传说罗马的创建者的祖先是女神和世人的结晶爱涅阿斯。在特洛伊城被毁之前,他逃到了拉丁姆西岸的一个国家,并在这里娶了国王的女儿为妻。他们的后人建立了一个新城市——阿尔巴隆伽,并开始在那里统治,经过了几代后,统治着阿尔巴隆伽的是努米托尔。但是努米托尔被他的弟弟阿穆里乌斯推翻,阿穆里乌斯做了国王。

人神之子

努米托尔有个漂亮的女儿西维亚,可是当阿穆里乌斯做了国王后,就把西维亚送去做贞女。所谓贞女就是女神的祭祀,这种贞女是必须终身不嫁的,这样可以阻止她生下子孙报仇。但是西维亚违背了他的约束,与战神马耳斯相爱并生下了一对双胞胎。这必然是要受到惩处的。阿穆里乌斯下令判处西维亚死刑,并令人将那对双胞胎兄弟扔到附近的台伯河中淹死。这对兄弟的命运又将如何呢?

《埃涅阿斯奔离燃烧的特洛伊城》,菲德里克·巴洛奇在1598所画,现存于罗马的波各赛美术馆。

母狼怀抱中的罗慕路斯和列慕斯被牧羊人法乌斯图发现(1850年的漫画)。

狼人传说

奉命做这件事的奴隶们把装着双胞胎的篮子放置在浅水的地方,因为他们在河水泛滥的时候很难到水深的地方去。但泛滥的河水退去,篮子便留在干地上。从附近跑过来到河边饮水的一只母狼听见双胞胎的哭声跑过来,它用自己的乳汁抚育了这对双胞胎。不久以后,国王的牧人法乌斯图便找到了这两个孩子。把他们带回家中交给自己的妻子抚养,并给双胞胎起名罗慕路斯和列慕斯。

罗马诞生

兄弟俩长大后,知道了自己的身世,于是杀死了阿穆里乌斯,并帮助外祖父努米托尔夺回王位。但他们不愿意留在阿尔巴隆伽,打算另建新城。新城建好后,兄弟二人决定让神来决定,新城的名字及统治者。罗慕路斯首先在自己的占卜地看到6只秃鹫飞过,宣布神选择了他;可列慕斯却在这时看到了 12 只秃鹫飞过自己的占卜地。两人争执起来,继而发生格斗,罗慕路斯杀死了列慕斯,用自己的名字将新城命名——罗马。

轶闻趣事

罗马被喻为全球最大的"露天历史博物馆"。世界八大名胜之一的古罗马露天竞技场,也称斗兽场,建于公元 1 世纪。这座椭圆形的建筑物,占地约 2 万平方米,周长约 527 米,是古罗马帝国的象征。

墨西哥城的传说

墨西哥是美洲大陆印第安人古老文明中心之一，闻名于世的玛雅文化、托尔特克文化和阿兹特克文化均为墨西哥古印第安人创造。这是个美丽的城市，而关于墨西哥城的起源，则有一个美丽的传说。

墨西哥国徽

国徽寓意

墨西哥国徽的图案由几个部分组成：一只展翅的雄鹰嘴里叼着一条蛇，一只爪抓着蛇神，另一只爪踩在从湖中的岩石上生长出的仙人掌。这组图案形象地描绘了墨西哥人的祖先阿兹特克人的建国历史。仙人掌是墨西哥的国花，象征着墨西哥民族及其顽强的斗争精神。图案中下方为橡树和月桂树枝叶，象征力量、忠诚与和平。而这一切则源于一个神的启示。

阿兹特克神话是现代墨西哥文化中重要的组成部分。这里看到的是阿兹特克战争神"特族嘎帝力嘎婆"。

神的启示

很久很久以前，阿兹特克人四处流浪，太阳神乌伊戚洛波奇特利为了拯救他们，就托梦给首领铁诺支，让他带领族人去寻找这样一个地方：那儿，一只老鹰停在一棵巨大的仙人掌上，老鹰爪里抓着一条蛇。找到这个地方，他们就可以在那里建立自己的国家，并会在那里得到大量的金、银、铜和许多珍贵的宝石。于是铁诺支按照神的指示，带领族人出发。在前进的路上，一只蜂鸟为他们引路。

建立都城

有一天，他们来到墨西哥谷地的特斯科湖畔，看见湖心有个小岛，岛上花香草茂。他们登上岛后，发现红、蓝两河交汇处耸立着一块巨石，上面有一棵巨大的仙人掌，一只矫健的雄鹰正站在仙人掌上啄食一条长蛇。于是，他们认为这就是太阳神预示的地方，便定居下来，终于在 1325 年建立起墨西哥

特奥蒂瓦坎的一个神庙，一个典型的墨西哥的美洲印第安人古典建筑。古代墨西哥人惯用金、玉、黑色磨光花岗岩、红色油漆等建筑材料。

城的前身——铁诺支提特兰城。在阿兹特克人的语言中，墨西哥是由墨西特里演变而来的，意为"太阳和月亮之子"。阿兹特克人在这里创造了辉煌的文明。1521年西班牙入侵时，城市遭严重破坏，后西班牙殖民者在废墟上建起了墨西哥城。

创业者雕像

正是根据这个传说，人们在墨西哥城市中心建立了一组青铜雕像——"铁诺支提特兰创业者"。它坐落于一个南高北低的倾斜平台上。上面砌着深蓝和浅蓝色的方形小石块，那清澈明净的泉水，在平台面上哗哗地不停流淌，象征着这是一个湖泊；平台北端有几块石头，上面塑造着与国徽图案一样的东西；平台南端有五个印第安人的雕像，有的披斗篷，有人手拄木棒，还有拿弓箭和抱着儿童的，五个人物的神情、姿势各不相同，表现了寻找"圣地"的过程和建城的辛苦。

↑一个古老的玛雅金字塔

轶闻趣事

墨西哥的国旗呈长方形，长与宽之比为7：4。从左至右由绿、白、红三个平行相等的竖长方形组成，白色部分中间绘有墨西哥国徽。绿色象征独立和希望，白色象征和平与宗教信仰，红色象征国家的统一。

策　划

刘　刚

主　编

田战省

责任编辑

金敬梅　曲长军

文字编写

吴文莉

装帧设计

李亚兵

图片编排

李智勤